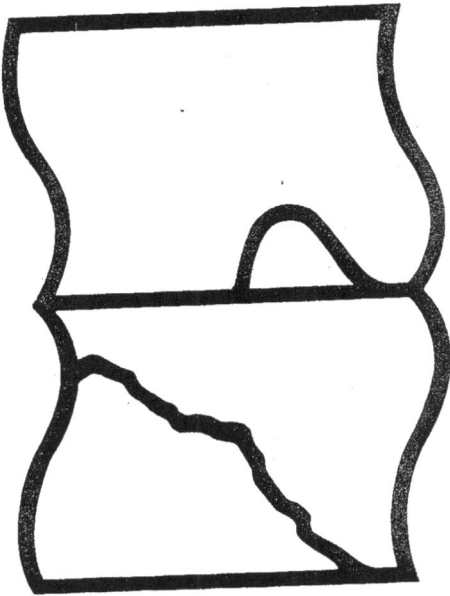

Texte détérioré — reliure défectueuse

NF Z 43-120-11

LES VOYAGES EXTRAORDINAIRES
COURONNÉS PAR L'ACADÉMIE FRANÇAISE

UN
BILLET DE LOTERIE

LE NUMÉRO 9672

PAR
JULES VERNE

SUIVI DE FRRITT-FLACC

42 DESSINS
PAR GEORGE ROUX
ET UNE CARTE

BIBLIOTHÈQUE
D'ÉDUCATION ET DE RÉCRÉATION
J. HETZEL ET Cie, 18, RUE JACOB
PARIS

1886

UN BILLET DE LOTERIE

— LE NUMÉRO 9672. —

I

« Quelle heure est-il? demanda dame Hansen, après avoir secoué les cendres de sa pipe, dont les dernières bouffées se perdirent entre les poutres colo- riées du plafond.

— Huit heures, ma mère, répondit Hulda.

— Il n'est pas probable qu'il nous arrive des voyageurs pendant la nuit ; le temps est trop mauvais.

— Je ne pense pas qu'il vienne personne. En tout cas, les chambres sont prêtes, et j'entendrai bien si l'on appelle du dehors.

— Ton frère n'est pas revenu ?

— Pas encore.

— N'a-t-il pas dit qu'il rentrerait aujourd'hui ?

— Non, ma mère. Joël est allé conduire un voyageur au lac Tinn, et, comme il est parti très tard, je ne crois pas qu'il puisse, avant demain, revenir à Dal.

— Il couchera donc à Mœl ?

— Oui, sans doute, à moins qu'il n'aille à Bamble faire visite au fermier Helmboë...

— Et à sa fille ?

— Oui, Siegfrid, ma meilleure amie et, que j'aime comme une sœur ! répondit en souriant la jeune fille.

— Eh bien, ferme la porte, Hulda, et allons dormir.

— Vous n'êtes pas souffrante, ma mère ?

— Non, mais demain je compte me lever de bonne heure. Il faut que j'aille à Mœl...

— A quel propos ?

— Eh ! ne faut-il pas s'occuper de renouveler nos provisions pour la saison qui va venir ?

— Le messager de Christiania est donc arrivé à Mœl avec sa voiture de vins et de comestibles ?

— Oui, Hulda, cet après-midi, répondit dame Hansen. Lengling, le contremaître de la scierie, l'a rencontré et m'a prévenue en passant. De nos conserves en jambon et en saumon fumé, il ne reste plus grand'chose, et je ne veux pas risquer d'être prise au dépourvu. D'un jour à l'autre, surtout si le temps redevient meilleur, les touristes peuvent commencer leurs excursions dans le Telemark. Il faut que notre auberge soit en état de les recevoir et qu'ils y trouvent tout ce dont ils peuvent avoir besoin pendant leur séjour. Sais-tu bien, Hulda, que nous voici déjà au 15 avril?

— Au 15 avril! murmura la jeune fille.

— Donc, demain, reprit dame Hansen, je m'occuperai de tout cela. En deux heures, j'aurai fait nos achats que le messager apportera ici, et je reviendrai avec Joël dans sa kariol.

— Ma mère, au cas où vous rencontreriez le courrier, n'oubliez pas de demander s'il y a quelque lettre pour nous...

— Et surtout pour toi! C'est bien possible, puisque la dernière lettre de Ole a déjà un mois de date.

— Oui! un mois!... un grand mois!

— Ne te fais pas de peine, Hulda! Ce retard n'a rien qui puisse nous étonner. D'ailleurs, si le courrier de Mœl n'a rien apporté, ce qui n'est pas venu par Christiania ne peut-il venir par Bergen?

— Sans doute, ma mère, répondit Hulda; mais que voulez-vous? Si j'ai le cœur gros, c'est qu'il y a loin d'ici aux pêcheries du New-Found-Land! Toute une mer à traverser, et lorsque la saison est mauvaise encore! Voilà près d'un an que mon pauvre Ole est parti, et qui pourrait dire quand il viendra nous revoir à Dal?...

— Et si nous y serons à son retour! » murmura dame Hansen, mais si bas, que sa fille ne put l'entendre.

Hulda alla fermer la porte de l'auberge, qui s'ouvrait sur le chemin du Vesfjorddal. Elle ne prit même pas le soin de donner un tour de clef à la serrure. En cet hospitalier pays de Norvège, ces précautions ne sont pas nécessaires. Il convient, aussi, que tout voyageur puisse entrer, de jour comme de nuit, dans la maison des gaards et des sœters, sans qu'il soit besoin de lui ouvrir.

Aucune visite de rôdeurs ou de malfaiteurs n'est à craindre, ni dans les bailliages ni dans les hameaux les plus reculés de la province. Aucune tentative criminelle contre les biens ou les personnes n'a jamais troublé la sécurité de ses habitants.

La mère et la fille occupaient deux chambres du premier étage sur le devant de l'auberge — deux chambres fraîches et propres, d'ameublement modeste, il est vrai, mais dont la tenue indiquait les soins d'une bonne ménagère. Au-dessus, sous la couverture, débordant comme un toit de chalet, se trouvait la chambre de Joël, éclairée par une fenêtre, encadrée d'un découpage en sapin amenuisé avec goût. De là, le regard, après avoir parcouru un grandiose horizon de montagnes, pouvait descendre jusqu'au fond de l'étroite vallée, où mugissait le Maan, moitié torrent, moitié rivière. Un escalier de bois, à consoles trapues, à marches miroitantes, montait de la grande salle du rez-de-chaussée aux étages supérieurs. Rien de plus attrayant que l'aspect de cette maison, où le voyageur trouvait un confort bien rare dans les auberges de Norvège.

Hulda et sa mère habitaient donc le premier étage. C'est là que de bonne heure elles se retiraient toutes deux, quand elles étaient seules. Déjà dame Hansen, s'éclairant d'un chandelier de verre multicolore, avait gravi les premières marches de l'escalier, lorsqu'elle s'arrêta.

On frappait à la porte. Une voix se faisait entendre :

« Eh! dame Hansen! dame Hansen! »

Dame Hansen redescendit.

« Qui peut venir si tard? dit-elle.

— Est-ce qu'il serait arrivé quelque accident à Joël? » répondit vivement Hulda.

Aussitôt, elle revint vers la porte.

Il y avait là un jeune gars, — un de ces gamins qui font le métier de skydskarl, lequel consiste à s'accrocher à l'arrière des kariols et à ramener le cheval au relais, quand l'étape est finie. Celui-ci était venu à pied et se tenait debout sur le seuil.

« Eh! que veux-tu à cette heure? dit Hulda.

— D'abord vous souhaiter le bonsoir, répondit le jeune gars.

— C'est tout?

— Non! ce n'est pas tout, mais ne faut-il pas toujours commencer par être poli?

— Tu as raison! Enfin, qui t'envoie?

— Je viens de la part de votre frère Joël.

— Joël?... Et pourquoi? » répliqua dame Hansen.

Elle s'avança vers la porte, de ce pas lent et mesuré qui caractérise la marche des habitants de la Norvège. Qu'il y ait du vif argent dans les veines de leur sol, soit! mais dans les veines de leur corps, peu ou point.

Cependant cette réponse avait évidemment causé quelque émotion à la mère, car elle se hâta de dire :

« Il n'est rien arrivé à mon fils?

— Si!... Il est arrivé une lettre que le courrier de Christiania avait apportée de Drammen...

— Une lettre qui vient de Drammen? dit vivement dame Hansen en baissant la voix.

— Je ne sais pas, répondit le jeune gars. Tout ce que je sais, c'est que Joël ne peut revenir avant demain et qu'il m'a envoyé ici pour vous apporter cette lettre.

— C'est donc pressé?

— Il paraît.

— Donne, dit dame Hansen, d'un ton qui dénotait une assez vive inquiétude.

— La voici, bien propre et pas chiffonnée. Seulement cette lettre n'est pas pour vous. »

Dame Hansen sembla respirer plus à l'aise.

« Et pour qui? demanda-t-elle.

— Pour votre fille.

— Pour moi! dit Hulda. C'est une lettre de Ole, j'en suis sûre, une lettre qui sera venue par Christiania! Mon frère n'aura pas voulu me la faire attendre! »

Hulda avait pris la lettre, et, après s'être éclairée du chandelier, qui avait été déposé sur la table, elle regardait l'adresse.

« Oui!... C'est de lui!... C'est bien de lui!... Puisse-t-il m'annoncer que le *Viken* va revenir! »

Pendant ce temps, dame Hansen disait au jeune gars :

« Tu n'entres pas?

— Une minute alors! Il faut que je retourne ce soir à la maison, parce que je suis retenu demain matin pour une kariol.

— Eh bien, je te charge de dire à Joël que je compte aller le rejoindre. Qu'il m'attende donc.

— Demain soir?

— Non, dans la matinée. Qu'il ne quitte pas Mœl sans m'avoir vue. Nous reviendrons ensemble à Dal.

— C'est convenu, dame Hansen.

— Allons, une goutte de brandevin?

— Avec plaisir! »

Le jeune gars s'était approché de la table, et dame Hansen lui avait présenté un peu de cette réconfortante eau-de-vie, toute puissante contre les brumes du soir. Il n'en laissa pas une goutte au fond de la petite tasse. Puis :

« *God aften* ! dit-il.

— *God aften*, mon garçon! »

C'est le bonsoir norvégien. Il fut simplement échangé. Pas même une inclination de tête. Et le jeune gars partit, sans s'inquiéter de la longue trotte qu'il avait à faire. Ses pas se furent bientôt perdus sous les arbres du sentier qui côtoie la torrentueuse rivière.

Cependant Hulda regardait toujours la lettre de Ole et ne se hâtait pas de l'ouvrir. Qu'on y songe ! Cette frêle enveloppe de papier avait dû traverser tout l'Océan pour arriver jusqu'à elle, toute cette grande mer où se perdent les rivières de la Norvège occidentale. Elle en examinait les différents timbres. Mise à la poste le 15 mars, cette lettre n'arrivait à Dal que le 15 avril. Comment, il y avait un mois déjà que Ole l'avait écrite! Que d'événements avaient pu se produire pendant ce mois, sur ces parages du New-Found-Land — nom que les Anglais donnent à l'île de Terre-Neuve! N'était-ce pas encore la période de l'hiver, l'époque dangereuse des équinoxes? Ces lieux de pêche ne sont-ils pas les plus mauvais du monde, avec les formidables coups de vent que le pôle leur envoie à travers les plaines du Nord-Amérique ? Métier pénible et périlleux, ce métier de pêcheur, qui était celui de Ole! Et s'il le faisait, n'était-ce point pour lui en rapporter les bénéfices, à elle, sa fiancée, qu'il devait épouser au retour! Pauvre Ole! Que disait-il dans cette lettre? Sans doute, qu'il aimait toujours Hulda, comme Hulda l'aimerait toujours, que leurs pensées se confondaient, malgré la distance, et qu'il voudrait être au jour de son arrivée à Dal!

Oui! il devait dire tout cela, Hulda en était sûre. Mais, peut-être ajoutait-il que son retour était proche, que cette campagne de pêche, qui entraîne les marins de Bergen si loin de leur terre natale, allait prendre fin! Peut-être Ole lui apprenait-il que le *Viken* achevait d'arrimer sa cargaison, qu'il se préparait à appareiller, que les derniers jours d'avril ne s'écouleraient pas sans que tous deux fussent réunis en cette heureuse maison du Vesfjorddal? Peut-être l'assurait-il, enfin, que l'on pouvait déjà fixer le jour où le pasteur viendrait de Mœl pour les unir dans la modeste chapelle de bois dont le clocher émergeait d'un épais massif d'arbres, à quelques centaines de pas de l'auberge de dame Hansen?

Pour le savoir, il suffisait simplement de briser le cachet de l'enveloppe, d'en tirer la lettre de Ole, de la lire, même à travers les larmes de douleur ou de joie que son contenu pourrait amener dans les yeux de Hulda. Et, sans doute, plus d'une impatiente fille du Midi, une fille de la Dalécarlie, du Danemark ou de la Hollande, eût déjà su ce que la jeune Norvégienne ne savait pas encore! Mais Hulda rêvait, et les rêves ne se terminent que lorsqu'il plaît à Dieu de les finir. Et que de fois on les regrette, tant la réalité est décevante!

« Ma fille, dit alors dame Hansen, cette lettre que ton frère t'a envoyée, c'est bien une lettre de Ole?

— Oui! j'ai reconnu son écriture!

— Eh bien, veux-tu donc remettre à demain pour la lire? »

Hulda regarda une dernière fois l'enveloppe. Puis, après l'avoir décachetée sans trop de hâte, elle en retira une lettre soigneusement calligraphiée et lut ce qui suit :

Le jeune gars n'en laissa pas une goutte. (Page 6.)

« Saint-Pierre-Miquelon, 17 mars 1882.

« Chère Hulda,

« Tu apprendras avec plaisir que nos opérations de pêche ont prospéré et
« qu'elles seront achevées dans quelques jours. Oui ! Nous touchons à la fin de
« la campagne ! Après un an d'absence, combien je serai heureux de revenir
« à Dal, et d'y retrouver la seule famille qui me reste et qui est la tienne.

Une scierie à Dal. (Page 11.)

« Mes parts de bénéfice sont belles. Ce sera pour notre entrée en ménage.

« Messieurs Help frères, Fils de l'Aîné, nos armateurs de Bergen, sont avisés

« que le *Viken* sera probablement de retour du 15 au 20 mai. Tu peux donc

« t'attendre à me voir à cette époque, c'est-à-dire, au plus dans quelques

« semaines.

« Chère Hulda, je compte te trouver encore plus jolie qu'à mon départ, et,

« comme ta mère, en bonne santé. En bonne santé aussi, ce hardi et brave

2

« camarade, mon cousin Joël, ton frère, qui ne demande pas mieux que de
« devenir le mien.

« Au reçu de la présente, fais bien toutes mes amitiés à dame Hansen, que
« je vois d'ici, au fond de son fauteuil de bois, près du vieux poêle, dans la
« grande salle. Répète-lui que je l'aime deux fois, d'abord parce qu'elle est
« ta mère, et ensuite parce qu'elle est ma tante.

« Surtout ne vous dérangez pas pour venir au-devant de moi à Bergen. Il
« serait possible que le *Viken* fût signalé plus tôt que je le marque.
« Quoi qu'il en soit, vingt-quatre heures après mon débarquement, chère
« Hulda, tu peux compter que je serai à Dal. Mais ne va pas être trop surprise
« si j'arrive en avance.

« Nous avons été rudement secoués par les gros temps pendant cet
« hiver, le plus mauvais que nos marins aient jamais passé. Par bonheur, la
« morue du grand banc a donné avec abondance. Le *Viken* en rapporte près
« de cinq mille quintaux, livrables à Bergen, déjà vendus par les soins de
« Messieurs Help frères, Fils de l'Aîné. Enfin, ce qui doit intéresser la
« famille, c'est que nous avons réussi, et les profits seront bons pour
« moi qui, maintenant, suis à part entière.

« D'ailleurs, si ce n'est pas la fortune que je rapporte au logis, j'ai comme
« une idée, ou plutôt j'ai comme un pressentiment qu'elle doit m'attendre au
« retour ! Oui ! la fortune... sans compter le bonheur ! Comment?... Cela, c'est
« mon secret, chère Hulda, et tu me pardonneras d'avoir un secret pour toi.
« C'est le seul ! D'ailleurs, je te le dirai... Quand?... Eh bien, dès que le mo-
« ment sera venu, — avant notre mariage, s'il était reculé par quelque retard
« imprévu, — après, si je reviens à l'époque dite, et si, dans la semaine qui sui-
« vra mon retour à Dal, tu es devenue ma femme, comme je le désire tant !

« Je t'embrasse, chère Hulda. Je te charge d'embrasser pour moi dame
« Hansen et mon cousin Joël. J'embrasse encore ton front, auquel la couronne
« rayonnante des mariées du Telemark mettra comme un nimbe de sainte.
« Une dernière fois, adieu, chère Hulda, adieu !

« Ton fiancé,

« OLE KAMP. »

II

Dal — quelques maisons seulement, les unes le long d'une route qui n'est à vrai dire qu'un sentier, les autres éparses sur les croupes voisines. Elles tournent la face à l'étroite vallée du Vestfjorddal, le dos au cadre des collines du nord, au pied desquelles coule le Maan. L'ensemble de ces constructions formerait un des gaards très communs dans le pays, s'il était sous la direction d'un seul propriétaire de cultures ou d'un fermier à gages. Mais il a droit, si ce n'est au nom de bourg, du moins à celui de hameau. Une petite chapelle, édifiée en 1855, dont le chevet est percé de deux étroites fenêtres à vitraux, dresse non loin, à travers le fouillis des arbres, son clocher à quatre pans, — le tout en bois. Çà et là, au-dessus des rios qui courent à la rivière, sont jetés quelques ponceaux, charpentés en losange, dont l'entre-croisement est rempli de pierres moussues. Plus loin, se font entendre les grincements d'une ou deux scieries rudimentaires, actionnées par les torrents, avec une roue pour manœuvrer la scie, et une roue pour mouvoir la poutre ou le madrier. À courte distance, chapelle, scieries, maisons, cabanes, tout semble baigné dans une molle vapeur de verdure, sombre avec les sapins, glauque avec les bouleaux, que dessinent les arbres, isolés ou groupés, depuis les berges sinueuses du Maan jusqu'à la crête des hautes montagnes du Telemark.

Tel est ce hameau de Dal, frais et riant, avec ses habitations pittoresques, extérieurement peintes, celles-ci de couleurs tendres — vert naissant ou rose clair — celles-là enluminées de couleurs violentes, jaune éclatant ou sang de bœuf. Leurs toits d'écorces de bouleau, emplâtrés d'un gazon verdoyant que l'on fauche à l'automne, sont coiffés de fleurs naturelles. Tout cela est délicieux et appartient au plus charmant pays du monde. Pour tout dire, Dal est dans le Telemark, le Telemark est en Norvège, et la Norvège, c'est la Suisse

avec plusieurs milliers de fiords qui permettent à la mer de gronder au pied
de ses montagnes.

Le Telemark est compris dans cette portion renflée de l'énorme cornue
que figure la Norvège entre Bergen et Christiania. Ce bailliage — une dépen-
dance de la préfecture de Batsberg — a des montagnes et des glaciers comme
la Suisse, mais ce n'est pas la Suisse. Il a des chutes grandioses comme le
Nord-Amérique, mais ce n'est pas l'Amérique. Il a des paysages avec des maisons peintes et des processions d'habitants, vêtus de costumes d'un autre âge,
comme certains bourgs de la Hollande, mais ce n'est pas la Hollande. Le Telemark, c'est mieux que tout cela, c'est le Telemark, contrée peut-être unique
au monde par les beautés naturelles qu'elle renferme. L'auteur a eu le plaisir
de le visiter. Il l'a parcouru en kariol avec des chevaux pris aux relais de
poste — quand il s'en trouvait. Il en a rapporté une impression de charme
et de poésie, si vivace encore dans son souvenir, qu'il voudrait pouvoir en im-
prégner ce simple récit.

A l'époque où se passe cette histoire — en 1862 — la Norvège n'était pas
encore sillonnée par le chemin de fer qui permet actuellement d'aller de
Stockholm à Drontheim par Christiania. Maintenant, un immense lien de rails
est tendu à travers ces deux pays scandinaves, peu enclins à vivre d'une vie
commune. Mais, enfermé dans les wagons de ce chemin de fer, si le voyageur
va plus vite qu'en kariol, il ne voit plus rien de l'originalité des routes d'autrefois. Il perd la traversée de la Suède méridionale par le curieux canal de
Gotha, dont les steam-boats, s'élevant d'écluses en écluses, grimpent à trois
cents pieds de hauteur. Enfin, il ne s'arrête ni aux chutes de Trolletann, ni à
Drammen, ni à Kongsberg, ni devant toutes les merveilles du Telemark.

A cette époque, le railway n'était qu'en projet. Quelque vingt ans devaient
s'écouler encore avant qu'on pût traverser le royaume scandinave d'un
littoral à l'autre — en quarante heures, — et aller jusqu'au Cap Nord, avec
billets d'aller et retour pour le Spitzberg.

Or, précisément, Dal était alors — et qu'il le soit longtemps! — ce point
central qui attirait les touristes étrangers ou indigènes, ces derniers, pour la
plupart, étudiants de Christiania. De là, ils peuvent se disperser sur toute la

région du Telemark et du Hardanger, remonter la vallée du Vestfjorddal entre le lac Mjös et le lac Tinn, se rendre aux merveilleuses cataractes du Rjukan. Sans doute, il n'y a qu'une seule auberge dans ce hameau ; mais c'est bien la plus attrayante, la plus confortable que l'on puisse désirer, la plus importante aussi, puisqu'elle met quatre chambres à la disposition des voyageurs. En un mot, c'est l'auberge de dame Hansen.

Quelques bancs entourent la base de ses parois roses, isolées du sol par une solide fondation de granit. Les poutres et les planches de sapin de ses murs ont acquis avec le temps une dureté telle que l'acier d'une hache s'y émousserait. Entre ces poutres, à peine équarries, disposées horizontalement les unes sur les autres, un rejointoiement de mousses, mélangées de terre glaise, forme des bourrelets étanches qui empêchent même les plus violentes pluies d'hiver d'y pénétrer. Au-dessus des chambres, le plafond chevronné est peint de tons rouges et noirs, contrastant avec les couleurs plus douces et plus réjouissantes des lambris. En un coin de la grande salle, le poêle circulaire envoie son tuyau se perdre dans la cheminée du fourneau de la cuisine. Ici la boîte à horloge promène sur un large cadran d'émail ses aiguilles ouvragées et pique, de seconde en seconde, un tic tac sonore. Là, s'arrondit le vieux secrétaire à moulures brunes, près d'un trépied massif, peint en fer. Sur une planchette se dresse le chandelier en terre cuite, qui devient candélabre à trois branches quand on le retourne. Les plus beaux meubles de la maison ornent cette salle : — la table en racine de bouleau, à pieds renflés, le coffre-bahut, à fermoirs historiés, où sont rangées les belles toilettes des fêtes et dimanches, le grand fauteuil dur comme une stalle d'église, les chaises de bois peinturluré, le rouet rustique, agrémenté de tons verts qui tranchent vivement sur la jupe rouge des fileuses. Puis, de çà, de là, le pot pour conserver le beurre, le rouleau qui sert à le comprimer, la boîte à tabac et la râpe en os sculpté. Enfin, au-dessus de la porte, ouverte sur la cuisine, un large dressoir étale ses rangées d'ustensiles de cuivre et d'étain, des plats et des assiettes, à émail vif, en faïence et en bois, la petite meule à aiguiser, à demi-plongée dans son colimaçon verni, le coquetier antique et solennel qui pourrait servir de calice ; et quelles parois amusantes, tendues en tapisseries de linge, représentant des sujets de la Bible, enluminées de toutes les couleurs de l'imagerie d'Épinal ! Quant aux chambres des voyageurs, pour être plus simples, elles n'en sont pas moins confortables avec leurs quelques meubles d'une propreté engageante, leurs rideaux de fraîche verdure qui pendent de la crête du toit gazonné, leur large lit à draps blancs, en frais tissu d' « akloede », et leurs lambris qui portent des versets de l'Ancien Testament, écrits en jaune sur fond rouge.

Il ne faut point oublier que les planchers de la grande salle, comme ceux des chambres du rez-de-chaussée et du premier étage, sont semés de petites branches de bouleau, de sapin, de genévrier, dont les feuilles emplissent la maison de leur vivifiante odeur.

Pourrait-on imaginer une plus charmante posada en Italie, une plus allé-chante fonda en Espagne? Non! Et le flot de touristes anglais n'en avait pas encore fait élever les prix, comme en Suisse — du moins à cette époque. A Dal, ce n'est pas la livre sterling, le pound d'or, dont la bourse du voyageur est bientôt veuve, c'est le species d'argent qui vaut un peu plus de cinq francs, ce sont ses subdivisions, le mark d'une valeur d'un franc, et le skilling de cuivre, qu'il faut bien se garder de confondre avec le shilling britannique, car il n'équivaut qu'à un sou de France. Ce n'est pas non plus la prétentieuse bank-note dont le touriste vient faire usage et abus au Telemark. C'est le billet d'un species qui est blanc, celui de cinq qui est bleu, celui de dix qui est jaune, celui de cinquante qui est vert, celui de cent qui est rouge. Deux de plus, et l'on ferait toutes les couleurs de l'arc-en-ciel !

Puis, — ce qui n'est point à dédaigner dans cette hospitalière maison, — la nourriture y est bonne chose, rare dans la plupart des auberges de la région. En effet, le Telemark ne justifie que trop son surnom de « Pays du lait caillé ». Au fond de ces trous de Tiness, de Listhus, de Tinoset, de bien d'autres, jamais de pain, ou si mauvais qu'il vaut mieux s'en passer. Rien qu'une galette d'avoine, le « flatbröd », sec, noirâtre, dur comme du carton, ou tout simplement un gâteau grossier, fait avec la substance intermédiaire de l'écorce de bouleau, mélangée de lichens ou de hachures de paille. Rarement des œufs, à moins que les poules n'aient pondu huit jours avant. Mais, à profusion, de la bière inférieure, du lait caillé, doux ou sûr, et quelquefois un peu de café, si épais qu'il ressemble plutôt à de la suie distillée qu'aux produits de Moka, de Bourbon ou de Rio-Nunez.

Chez dame Hansen, au contraire, la cave et l'office sont convenablement garnies. Que faut-il de plus aux touristes même exigeants? Saumon cuit, salé ou fumé, « bores », saumons des lacs qui n'ont jamais connu les eaux amères, poissons des cours d'eau du Telemark, volailles ni trop dures ni trop maigres, œufs à toutes sauces, fines galettes de seigle et d'orge, fruits, et plus particulièrement des fraises, pain bis, mais d'excellente qualité, bière et vieilles bouteilles de ce vin de Saint-Julien qui propage jusqu'en ces contrées lointaines la renommée des crus de France.

Aussi, réputation faite, dans tous les pays du nord de l'Europe, pour l'auberge de Dal.

On peut le voir, d'ailleurs, en feuilletant le livre aux feuilles jaunâtres sur lesquelles les voyageurs signent volontiers de leur nom quelque compliment à l'adresse de dame Hansen. Pour la plupart, ce sont des Suédois, des Norvégiens, venus de tous les points de la Scandinavie.

Cependant, les Anglais y sont en grand nombre, et l'un d'eux, pour avoir attendu une heure que le sommet du Gousta se dégageât de ses vapeurs matinales, a britanniquement écrit sur une des pages :

Patientia omnia vincit.

Il y a également quelques Français, dont l'un, qu'il vaut mieux ne pas nommer, s'est permis d'écrire :

« Nous n'avons qu'à nous louer de la réception qu'on nous a « fait » dans cette auberge! »

Peu importe la faute grammaticale, après tout! Si la phrase est plus reconnaissante que française, elle n'en rend pas moins hommage à dame Hansen et à sa fille, la charmante Hulda du Vestfjorddal.

Dame Hansen comptait alors cinquante ans. (Page 19.)

III

Sans être trop versé dans la science ethnographique, on peut croire, avec plusieurs savants, qu'il existe une certaine parenté entre les hautes familles de l'aristocratie anglaise et les anciennes familles du royaume scandinave. On en trouve de nombreuses preuves dans ces noms d'ancêtres qui sont identiques entre les deux pays. Et pourtant, il n'y a pas d'aristocratie en Norvège. Mais,

Joël ne dut la vie qu'à sa force prodigieuse. (Page 20.)

si la démocratie domine, cela ne l'empêche pas d'être aristocratique au plus haut point. Tous sont égaux en haut, au lieu de l'être en bas. Jusque dans les plus humbles cabanes se dresse encore l'arbre généalogique, qui n'a point dégénéré pour avoir repris racine en terre plébéienne. Là s'écartèlent les blasons des familles nobles des époques féodales, dont ces simples paysans descendent.

Il en était ainsi des Hansen, de Dal, parents, à un degré très éloigné, sans

doute, de ces pairs d'Angleterre, créés à la suite de l'invasion du Rollon de
Normandie. Et s'ils n'en possédaient plus la situation ni la richesse, du moins
en avaient-ils conservé la fierté originelle, ou, plutôt la dignité, qui est à sa
place dans toutes les conditions sociales.

Peu importait, d'ailleurs! Quoiqu'il eût des ancêtres de haute naissance,
Harald Hansen n'en était pas moins aubergiste à Dal. La maison lui venait
de son père et de son grand'père, dont il rappelait volontiers la situation dans
le pays. Après lui, sa femme avait continué d'y exercer cette profession de
manière à mériter l'estime publique.

Harald avait-il fait fortune à ce métier? On ne sait. Mais il avait pu élever
son fils Joël et sa fille Hulda, sans que le début de la vie eût été trop dur à ses
deux enfants. Et même, un fils d'une sœur de sa femme, Ole Kamp, que la
mort de son père et de sa mère devait bientôt laisser à sa charge, avait été
élevé par lui comme ses propres rejetons. Sans son oncle Harald, cet orphelin
eût sans doute été un de ces pauvres petits êtres qui ne viennent au monde
que pour le quitter aussitôt. Du reste, Ole Kamp montra pour ses parents
adoptifs une reconnaissance toute filiale. Rien ne devait jamais rompre ce lien
qui l'unissait à la famille Hansen. Son mariage avec Hulda allait le resserrer
encore et le nouer pour la vie.

Harald était mort, il y avait dix-huit mois environ. Sans compter l'auberge
de Dal, il laissait à sa veuve un petit « sœter », situé dans la montagne. Le sœter
n'est qu'une sorte de ferme isolée, d'un rapport généralement médiocre,
quand il n'est pas nul. Or, les dernières saisons n'avaient point été bonnes.
Toute culture avait souffert, même les pâturages. Il y avait eu de ces « nuits
de fer, » comme les appelle le paysan norvégien, nuits de bise et de glace,
qui dessèchent tout germe jusqu'au plus profond de l'humus. De là, ruine
pour les paysans du Telemark et du Hardanger.

Cependant, si dame Hansen devait savoir à quoi s'en tenir sur sa situation,
elle n'en avait jamais rien dit à personne, pas même à ses enfants. D'un
caractère froid et taciturne, elle était peu communicative — ce dont Hulda et
Joël souffraient visiblement. Mais, avec ce respect pour le chef de famille, inné
dans les pays du nord, ils s'étaient tenus sur une réserve qui ne laissait pas

de leur être très pénible. D'ailleurs, dame Hansen ne demandait pas volontiers aide ou conseil, étant absolument convaincue de la sûreté de son jugement, — très norvégienne sous ce rapport.

Dame Hansen comptait alors cinquante ans. L'âge s'il avait blanchi ses cheveux, n'avait point courbé sa haute taille, ni amoindri la vivacité de son regard d'un bleu intense, dont l'azur se retrouvait inaltéré dans les yeux de sa fille. Seul son teint avait pris la nuance jaunâtre d'un vieux papier de procédure, et quelques rides commençaient à sillonner son front.

La « madame », comme on dit en pays scandinave, était invariablement vêtue d'une jupe noire à gros plis, en signe du deuil qu'elle ne quittait plus depuis la mort de Harald. Des entournures de son corsage brunâtre sortaient les manches d'une chemise en coton écru. Un fichu de couleur sombre se croisait sur sa poitrine que recouvrait le montant du tablier rattaché en arrière par de larges agrafes. Elle était toujours coiffée d'un épais bonnet de soie, sorte de béguin qui tend à disparaître des modes du jour. Assise, droite, dans le fauteuil de bois, la grave hôtesse de Dal n'abandonnait son rouet que pour fumer une petite pipe en écorce de bouleau, dont les vapeurs l'entouraient d'un léger nuage.

En vérité, peut-être la maison eût-elle semblé bien triste sans la présence des deux enfants !

Un brave garçon, Joël Hansen ! Vingt-cinq ans, bien découplé, de haute taille, comme les montagnards norvégiens, l'air fier, sans forfanterie, l'allure hardie, sans témérité. C'était un blond presque châtain, avec des yeux bleus presque noirs. Son costume faisait valoir ses puissantes épaules qui ne pliaient pas aisément, sa large poitrine dans laquelle fonctionnaient à l'aise les poumons du guide des montagnes, ses bras vigoureux, ses jambes faites aux plus pénibles ascensions des hauts fields du Telemark. En tenue habituelle, on eût dit un cavalier. Sa jaquette bleuâtre, avec épaulettes, serrée à la taille, se croisait sur la poitrine par deux longues pattes verticales et s'agrémentait dans le dos de dessins en couleurs, semblable à certaines vestes celtiques de la Bretagne. Son col de chemise s'évasait en entonnoir. Sa culotte jaune se rattachait au-dessous du genou par une jarretière à boucle. Sur sa tête s'inclinait un chapeau brun à larges bords avec ganse noire et lisières rouges. A ses jambes s'adaptaient des guêtres de bure ou des bottes à fortes semelles, plates de talons, dont le cou-de-pied se dessinait imparfaitement sous le chiffonnement du cuir, comme aux bottes de mer.

De son vrai métier, Joël était guide dans le bailliage du Telemark et jusqu'au fond des montagnes du Hardanger. Toujours prêt à partir, toujours infatigable, il méritait d'être comparé à ce héros norvégien, Rollon-le-Marcheur, célèbre dans les légendes du pays. Entre temps, il accompagnait les chasseurs anglais, qui viennent volontiers tirer, le « riper », ce ptarmigan plus gros que celui des Hébrides, et le « jerper », cette perdrix plus délicate que la grouse d'Écosse. L'hiver arrivé, c'était la chasse aux loups qui le réclamait, lorsque ces carnassiers, poussés par la faim, s'aventurent pendant la mauvaise saison à la surface des lacs glacés. Puis, l'été, c'était la chasse à l'ours, quand cet animal, suivi de ses petits, vient chercher sa nourriture d'herbe fraîche et qu'il faut le poursuivre à travers les plateaux d'une altitude de mille à douze cents pieds. Plus d'une fois, Joël ne dut la vie qu'à sa force prodigieuse qui le rendait capable de résister aux étreintes de ces formidables bêtes, et à son imperturbable sang-froid qui lui permettait de s'en dégager.

Enfin, lorsqu'il n'y avait ni touriste à guider dans la vallée du Vestfjorddal, ni chasseur à conduire sur les fields, Joël s'occupait du petit sœter, situé à quelques milles dans la montagne. Là, un jeune berger, aux gages de dame Hansen, était employé à la garde d'une demi-douzaine de vaches et d'une trentaine de moutons, — le sœter ne comprenant que des pâturages sans aucune sorte de culture.

De sa nature, Joël était obligeant et serviable. Connu dans tous les gaards du Telemark, c'est dire qu'il était aimé dans tous. Quant aux trois êtres pour lesquels il éprouvait une affection sans bornes, c'étaient, avec sa mère, son cousin Ole et sa sœur Hulda.

Lorsque Ole Kamp avait quitté Dal pour s'embarquer une dernière fois, combien Joël regretta de ne pouvoir doter Hulda pour lui garder son fiancé! En vérité, s'il eût été habitué à la mer, il n'aurait pas hésité à partir à la place de son cousin. Mais il fallait quelque argent pour les débuts du nouveau ménage. Or, dame Hansen n'ayant pris aucun engagement, Joël avait compris qu'elle ne pouvait rien distraire du bien de famille. Ole avait donc dû s'en aller au loin, de l'autre côté de l'Atlantique. Joël l'avait conduit jusqu'aux dernières limites de leur vallée, sur la route de Bergen. Là, après l'avoir longtemps serré dans ses bras, il lui avait souhaité bon voyage et heureux retour. Puis, il était revenu consoler sa sœur qu'il aimait d'un amour à la fois fraternel et paternel.

Hulda, à cette époque, avait dix-huit ans. Ce n'était pas la « piga », ainsi qu'on appelle la servante dans les auberges norvégiennes, mais plutôt la « fröken », la miss des Anglais, « la mademoiselle, » comme sa mère était « la madame » de la maison. Quel charmant visage, encadré de cheveux blonds, un peu dorés, sous un léger bonnet de linge, dégagé en arrière pour laisser tomber de longues nattes ! Quelle jolie taille sous ce corsage d'étoffe rouge à liserés verts, bien ajusté au buste, entr'ouvert sur le plastron, orné de broderies en couleurs, surmonté de la chemisette blanche dont les manches venaient se serrer aux poignets par un bracelet de rubans ! Quelle gracieuse tournure sous le ceinturon rouge à fermoirs d'argent filigrané, qui retenait la jupe verdâtre, doublée du tablier à losanges multicolores, et sous lequel apparaissait le bas blanc, engagé dans cette fine chaussure du Telemark, effilée à sa pointe.

Oui ! la fiancée de Ole était charmante avec cette physionomie un peu mélancolique des filles du nord, mais souriante aussi. En la voyant, on songeait volontiers à cette Hulda-la-Blonde, dont elle portait le nom, et que la mythologie scandinave laisse errer, comme la fée heureuse, autour du foyer domestique.

Sa réserve de fille modeste et sage ne lui ôtait rien de la grâce avec laquelle elle accueillait les hôtes d'un jour qui s'arrêtaient à l'auberge de Dal. On le savait dans le monde des touristes. N'était-ce pas déjà une attraction de pouvoir échanger avec Hulda le « shake-hand », cette cordiale poignée de main qui se donne à tous et à toutes ?

Et, après lui avoir dit :

« Merci pour ce repas, *Tack for mad!* »

Quoi de plus agréable que de lui entendre répondre de sa voix fraîche et sonore :

« Puisse-t-il vous faire du bien, *Wed bekomme!* »

IV

Ole Kamp était parti depuis un an. Il l'avait dit dans sa lettre, — une rude campagne, cette campagne d'hiver sur les parages de New-Found-Land! On y gagne bien son argent, quand on en gagne. Il y a là-bas des coups de vent d'équinoxe qui surprennent les bâtiments, au large des îles, et détruisent en quelques heures toute une flottille de pêche. Mais le poisson pullule sur ce haut fond de Terre-Neuve, et les équipages, lorsqu'ils sont favorisés, trouvent une large compensation aux fatigues comme aux dangers de ce trou à tempêtes.

Du reste, les Norvégiens sont de bons marins. Ils ne boudent point à la besogne. Au milieu des fiords du littoral, depuis Christiansand jusqu'au Cap Nord, entre les récifs du Finmark, à travers les passes des Loffoden, les occasions ne leur manquent pas de se familiariser avec les fureurs de l'Océan. Lorsqu'ils traversent l'Atlantique-Nord pour aller de conserve aux lointaines pêcheries de Terre-Neuve, ils ont déjà fait preuve de courage. Pendant leur enfance, ce qu'ils ont reçu de coups de queue d'ouragan, sur la côte européenne, les a mis à même d'affronter les coups de tête des mêmes tempêtes sur le New-Found-Land. Ils attrapent la bourrasque à son début, voilà toute la différence.

Les Norvégiens ont de qui tenir, d'ailleurs. Leurs ancêtres étaient d'intrépides gens de mer, à l'époque où les Hansens avaient accaparé le commerce de l'Europe septentrionale. Peut-être furent-ils un peu pirates dans les anciens temps; mais la piraterie, c'était alors la façon de procéder. Sans doute, le commerce s'est bien moralisé depuis, bien qu'il soit permis de penser qu'il reste encore quelque chose à faire.

Quoi qu'il en soit, les Norvégiens étaient d'audacieux navigateurs, ils le sont aujourd'hui, ils le seront toujours. Ole Kamp n'était pas homme à démentir les promesses de son origine. Son apprentissage, son initiation à ces durs travaux, c'est à un vieux un maître au cabotage de Bergen, qu'il les devait. Toute son enfance s'était passée dans ce port, l'un des plus fréquentés du royaume scandinave. Avant de prendre la grande mer, il avait été un audacieux gamin des fiords, un dénicheur d'oiseaux aquatiques, un pêcheur de ces innombrables poissons qui servent à fabriquer le stock-fish. Puis, devenu mousse, il a commencé à naviguer sur la Baltique, au large de la mer du Nord, et même jusqu'aux parages de l'Océan polaire. Il fit ainsi plusieurs voyages à bord des grands navires de pêche, et obtint le grade de maître, quand il eut plus de vingt et un ans. Il en avait maintenant vingt-trois.

Entre ses campagnes, il ne manquait jamais de venir revoir la famille qu'il aimait, la seule qui lui restât au monde.

Et alors, quand il se trouvait à Dal, quel compagnon digne de Joël! Il le suivait dans ses courses, à travers les montagnes, jusque sur les plus hauts plateaux du Telemark. Les fields après les fiords, ça lui allait à ce jeune marin, et il ne restait jamais en arrière, à moins que ce ne fût pour tenir compagnie à sa cousine Hulda.

Une étroite amitié s'établit peu à peu entre Ole et Joël. Ce fut par une conséquence tout indiquée que ce sentiment prit une autre forme à l'égard de la jeune fille. Et comment Joël ne l'eût-il pas encouragé? Où sa sœur aurait-elle trouvé dans toute la province un meilleur garçon, une nature plus sympathique, un caractère plus dévoué, un cœur plus chaud? Ole pour mari, le bonheur de Hulda était assuré. Ce fut donc avec l'agrément de sa mère et de son frère que la jeune fille se laissa aller sur la pente naturelle

Hulda avait dix-huit ans. (Page 21.)

de ses sentiments. De ce que ces gens du Nord sont peu démonstratifs, il ne faudrait pas les taxer d'insensibilité. Non! C'est leur manière, à eux, et peut-être en vaut-elle bien une autre!

Enfin, un jour, tous quatre étant dans la grande salle, Ole dit, sans autre entrée en matière :

« Il me vient une idée, Hulda!

— Laquelle? répondit la jeune fille.

Siegfrid Halmboë.

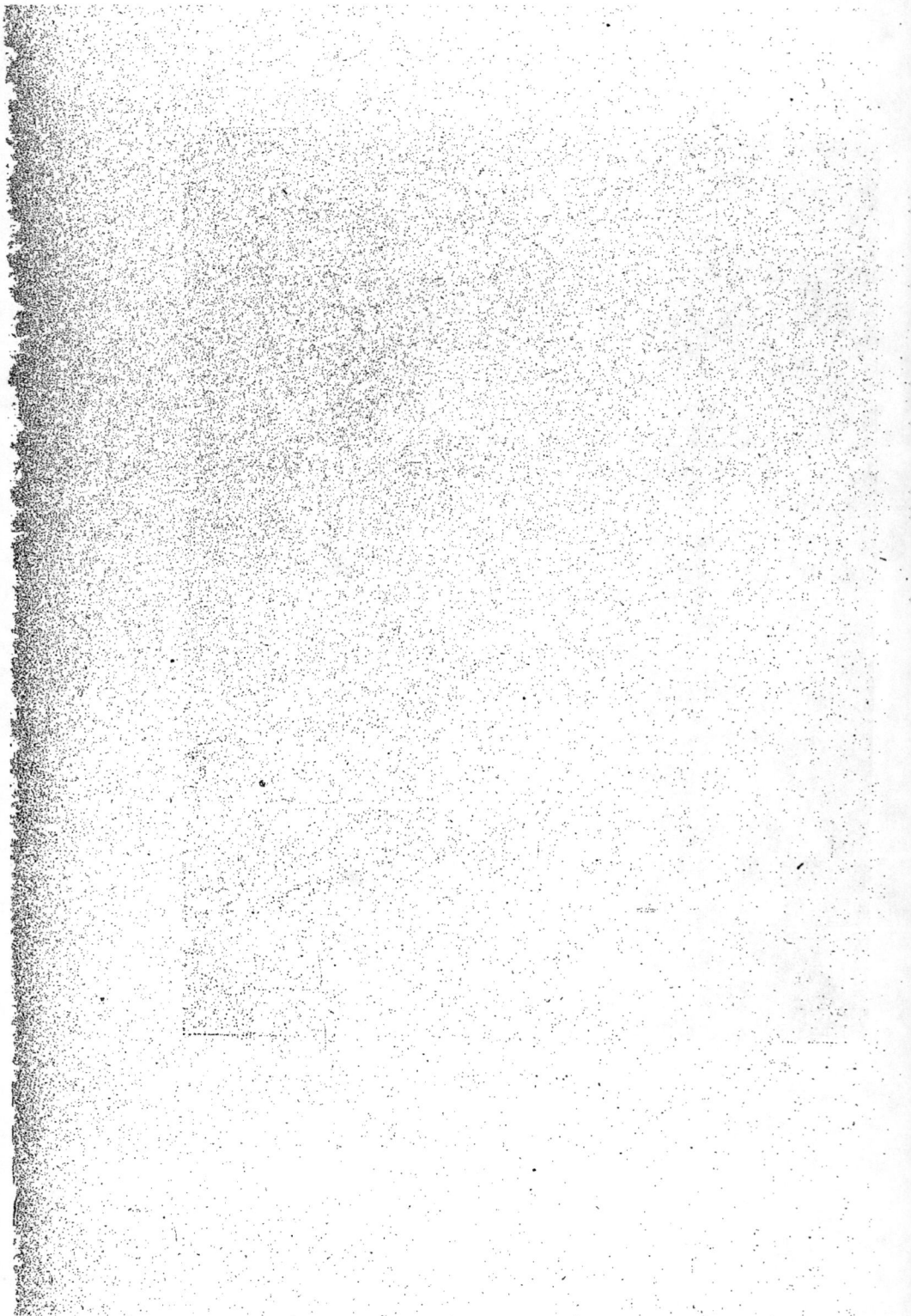

— Il me semble que nous devrions nous marier !

— Je le crois aussi.

— Cela serait convenable, ajouta dame Hansen, comme si c'eût été une affaire discutée depuis longtemps déjà.

— En effet, et de cette façon, Ole, répliqua Joël, je deviendrais tout naturellement ton beau-frère.

— Oui, dit Ole, mais il est probable, mon Joël, que je ne t'en aimerai que davantage...

— Si c'est possible !

— Tu le verras bien !

— Ma foi, je ne demande pas mieux ! répondit Joël, qui vint serrer la main de Ole.

— Ainsi, c'est entendu, Hulda ? demanda dame Hansen.

— Oui, ma mère, répondit la jeune fille.

— Tu le penses bien, Hulda, reprit Ole. Il y a beau temps que je t'aime sans le dire !

— Moi aussi, Ole !

— Comment cela m'est venu, je ne le sais guère.

— Ni moi.

— Sans doute, Hulda, c'est en te voyant chaque jour plus belle, et bonne de plus en plus...

— Tu vas un peu loin, mon cher Ole !

— Mais non, et je peux bien te dire cela, sans te faire rougir, puisque c'est vrai ! — Est-ce que vous ne vous étiez pas aperçue, dame Hansen, que j'aimais Hulda ?

— Un peu.

— Et toi, Joël ?

— Moi ?.. beaucoup !

— Franchement, répondit Ole, en souriant, vous auriez bien dû me prévenir !

— Mais tes voyages, Ole, demanda dame Hansen, est-ce qu'ils ne te paraîtront pas trop pénibles, une fois que tu seras marié ?

— Si pénibles, répondit Ole, que je ne voyagerai plus, quand le mariage sera fait !

— Tu ne voyageras plus ?...

— Non, Hulda. Est-ce qu'il me serait possible de te quitter pendant de longs mois ?

— Ainsi, tu vas pour la dernière fois aller en mer ?

— Oui, mais, avec un peu de chance, ce voyage me permettra de rapporter quelques économies, puisque MM. Help frères m'ont formellement promis de me donner part entière...

— Ce sont de braves gens ! dit Joël.

— Tout ce qu'il y a de meilleur, répondit Ole, et bien connus, bien appréciés de tous les marins de Bergen !

— Mon cher Ole, dit alors Hulda, quand tu ne navigueras plus, qu'est-ce que tu feras ?

— Eh bien, je deviendrai le compagnon de Joël. J'ai de bonnes jambes, et si elles ne suffisent pas, je m'en fabriquerai en m'entraînant peu à peu. D'ailleurs, j'ai pensé à une affaire qui ne serait peut-être pas mauvaise. Pourquoi n'établirions-nous pas un service de messageries entre Drammen, Konsberg et les gaards du Telemark ? Les communications ne sont ni faciles ni régulières, et il y aurait peut-être quelque argent à gagner. Enfin, j'ai des idées, sans compter...

— Quoi donc ?

— Rien ! Nous verrons cela à mon retour. Mais je vous préviens que je suis bien décidé à tout faire pour que Hulda soit la femme la plus enviée du pays. Oui ! j'y suis bien décidé.

— Si tu savais, Ole, comme ce sera facile ! répondit Hulda en lui tendant la main. N'est-ce pas à moitié fait déjà, et existe-t-il une aussi heureuse maison que notre maison de Dal ? »

Dame Hansen avait un instant détourné la tête.

« Ainsi, reprit Ole en insistant d'un ton joyeux, l'affaire est convenue ?

— Oui, répondit Joël.

— Et il n'y aura plus à en reparler ?

— Jamais.

— Tu n'auras pas de regret, Hulda?

— Aucun, mon cher Ole.

— Quant à fixer la date du mariage, je pense qu'il vaut mieux attendre ton retour, ajouta Joël.

— Soit, mais j'aurai bien du malheur, si avant un an je ne suis pas revenu pour conduire Hulda à l'église de Mœl, où notre ami, le pasteur Andresen ne refusera pas de dire pour nous ses plus belles prières! »

Et voilà comment avait été décidé le mariage de Hulda Hansen et de Ole Kamp.

Huit jours après, le jeune marin devait rejoindre son bord à Bergen. Mais, avant de se quitter, les deux futurs avaient été fiancés, suivant la touchante coutume des pays scandinaves.

Dans cette simple et honnête Norvège, l'habitude, le plus généralement, est de se fiancer avant de s'épouser. Quelquefois même, le mariage n'est célébré que deux ou trois ans après. Cela ne rappelle-t-il pas ce qui se passait entre chrétiens aux premiers jours de l'église? Mais il ne faudrait pas croire que les fiançailles ne soient qu'un simple échange de paroles, dont la valeur ne repose que sur la bonne foi des contractants. Non! L'engagement est plus sérieux, et, si cet acte n'est pas reconnu par la loi, du moins l'est-il par l'usage, cette loi naturelle.

Il s'agissait donc, dans le cas de Hulda et de Ole Kamp, d'organiser une cérémonie à laquelle présiderait le pasteur Andresen. Il n'y a pas de ministre du culte à Dal, ni dans la plupart des gaards environnants. En Norvège, d'ailleurs, on trouve certaines localités qui s'appellent « villes de dimanche », où s'élève le presbytère, le « proestegjelb ». C'est là que se rassemblent, pour l'office, les principales familles de la paroisse. Elles y ont même un pied-à-terre dans lequel elles viennent s'établir pendant vingt-quatre heures, le temps d'accomplir leurs devoirs religieux. De là, on s'en retourne comme d'un pèlerinage. Dal, il est vrai, possède une chapelle. Toutefois le pasteur ne s'y rend que sur demande et pour des cérémonies qui ne sont point d'ordre public, mais privé.

Après tout, Mœl n'est pas loin. Rien qu'un demi-mille, — soit à peu près dix kilomètres de France, depuis Dal jusqu'à l'extrémité du lac Tinn. Quant au pasteur Andresen, c'est un homme obligeant et un bon marcheur.

Le pasteur Andresen fut donc prié de venir aux fiançailles, en cette double qualité de ministre et d'ami de la famille Hansen. Elle le connaissait et il la connaissait de longue date. Il avait vu grandir Hulda et Joël. Il les aimait comme il aimait ce « jeune loup marin » de Ole Kamp. Rien ne pouvait lui faire plus de plaisir qu'un tel mariage. Il y avait là de quoi mettre en fête toute la vallée du Vestfjorddal.

Il s'ensuit que le pasteur Andresen prit son petit collet, son rabat de crêpe, son livre d'office, et partit un beau matin, par un temps assez pluvieux d'ailleurs. Il arriva en compagnie de Joël, qui était allé à sa rencontre à mi-route. On laisse à penser s'il fut bien reçu dans l'auberge de dame Hansen, et s'il eut la belle chambre du rez-de-chaussée, avec des branches de genévrier toutes fraîches, qui la parfumaient comme une chapelle.

Le lendemain, à la première heure, s'ouvrit la petite église de Dal. Là, devant le pasteur et sur son livre d'office, en présence de quelques amis et des voisins de l'auberge, Ole jura d'épouser Hulda, et Hulda jura d'épouser Ole, au retour du dernier voyage que le jeune marin allait entreprendre. Un an d'attente, c'est long, mais cela passe tout de même, quand on est sûr l'un de l'autre.

Maintenant, Ole ne pourrait plus, sans un motif grave, répudier celle dont il avait fait sa fiancée. Hulda ne pourrait pas trahir la foi qu'elle avait jurée à Ole. Et si Ole Kamp ne fût pas parti quelques jours après les fiançailles, il aurait pu profiter des droits qu'elles lui donnaient sans conteste : rendre visite à la jeune fille quand il lui conviendrait, lui écrire lorsqu'il lui plairait de le faire, l'accompagner à la promenade, bras dessus bras dessous, même en l'absence de la famille, obtenir la préférence sur tous autres pour danser avec elle dans les fêtes et cérémonies quelconques.

Mais Ole Kamp avait dû regagner Bergen. Huit jours après, le *Viken* était parti pour les pêcheries de Terre-Neuve. Maintenant, Hulda n'avait plus qu'à attendre les lettres que son fiancé avait promis de lui adresser par tous les courriers d'Europe.

Elles ne manquèrent pas, ces lettres, toujours si impatiemment attendues. Elles apportèrent un peu de bonheur à la maison attristée depuis le départ. Le voyage s'accomplissait dans des conditions favorables. La pêche était fructueuse, les profits seraient grands. Et puis, à la fin de chaque lettre, Ole parlait toujours d'un certain secret et de la fortune qu'il devait lui assurer. Voilà un secret que Hulda aurait bien voulu connaître, et aussi dame Hansen pour des raisons qu'il eût été difficile de soupçonner.

C'est que dame Hansen était de plus en plus sombre, inquiète, renfermée. Et une circonstance, dont elle ne parla point à ses enfants, vint encore accroître ses soucis.

Trois jours après l'arrivée de la dernière lettre de Ole, le 19 avril, dame Hansen revenait seule de la scierie où elle était allée commander un sac de copeaux au contremaître Lengling, et se dirigeait vers sa maison. Un peu avant d'arriver devant la porte, elle fut accostée par un homme qui n'était pas du pays.

« Vous êtes bien dame Hansen ? demanda cet homme.

— Oui, répondit-elle, mais je ne vous connais pas.

— Oh ! peu importe ! reprit l'homme. Je suis arrivé ce matin de Drammen et j'y retourne.

— De Drammen ? dit vivement dame Hansen.

— Est-ce que vous ne connaissez pas un certain monsieur Sandgoïst, qui y demeure ?...

— Monsieur Sandgoïst ! répéta dame Hansen, dont la figure pâlit à ce nom. Oui... je le connais !

— Eh bien, quand monsieur Sandgoïst a su que je venais à Dal, il m'a prié de vous donner le bonjour de sa part.

— Et... rien de plus ?...

— Rien, si ce n'est de vous dire qu'il viendrait probablement vous voir le mois prochain ! — Bonne santé et bonsoir, dame Hansen ! »

V

Hulda, en effet, était très frappée de cette persistance de Ole à toujours lui parler dans ses lettres de cette fortune qu'il comptait trouver à son retour. Sur quoi le brave garçon fondait-il cette espérance? Hulda ne pouvait le deviner, et il lui tardait de le savoir. Qu'on excuse cette impatience si naturelle! Était-ce donc une vaine curiosité de sa part? Point. Ce secret la regardait bien un peu. Non qu'elle fût ambitieuse, l'honnête et simple fille, ni que ses visées d'avenir se fussent jamais haussées à ce qu'on appelle la richesse. L'affection de Ole lui suffisait, elle devait lui suffire toujours. Si la fortune venait, on l'accueillerait sans grande joie. Si elle ne venait pas, on s'en passerait sans grand déplaisir.

C'est précisément ce que se disaient Hulda et Joël, le lendemain du jour où la dernière lettre de Ole était arrivée à Dal. Là-dessus ils pensaient de la même façon — comme sur tout le reste, d'ailleurs.

Et alors Joël d'ajouter:

« Non! Cela n'est pas possible, petite sœur! Il faut que tu me caches quelque chose!

— Moi!... te cacher?...

— Oui! Que Ole soit parti sans te dire au moins un peu de son secret... ce n'est pas croyable!

— T'en a-t-il dit un mot, Joël? répondit Hulda.

— Non, sœur. Mais moi, je ne suis pas toi.

— Si, tu es moi, frère.

— Je ne suis pas le fiancé de Ole.

— Presque, dit la jeune fille, et, si quelque malheur l'atteignait, s'il ne revenait pas de ce voyage, tu serais frappé comme moi, et tes larmes couleraient comme les miennes! »

— Ah! petite sœur, répondit Joël, je te défends bien d'avoir de ces idées! Ole ne pas revenir de ce dernier voyage qu'il fait aux grandes pêches! Est-ce que tu parles sérieusement, Hulda?

— Non, sans doute, Joël. Et pourtant, je ne sais... Je ne peux me défendre de certains pressentiments... de vilains rêves!...

— Des rêves, chère Hulda, ne sont que des rêves!

— Sans doute, mais d'où viennent-ils?

— De nous-mêmes et non d'en haut. Tu crains, et ce sont tes craintes qui hantent ton sommeil. D'ailleurs, il en est presque toujours ainsi, quand on a vivement désiré une chose et que le moment approche où les désirs vont se réaliser.

— Je le sais, Joël.

— Vraiment je te croyais plus ferme, petite sœur! Oui! plus énergique! Comment, tu viens de recevoir une lettre dans laquelle Ole te dit que le *Viken* sera de retour avant un mois, et tu te mets de pareils soucis dans la tête!...

— Non... dans le cœur, mon Joël!

— Et, au fait, reprit Joël, nous sommes déjà au 19 avril. Ole doit revenir du 15 au 20 mai. Il n'est donc pas trop tôt de commencer les préparatifs du mariage.

— Y penses-tu, Joël?

— Si j'y pense, Hulda! Je pense même que nous avons peut-être déjà trop tardé! Songes-y donc! Un mariage qui va mettre en joie non seulement Dal, mais les gaards voisins. J'entends que cela soit très beau, et je vais m'occuper d'arranger les choses! »

C'est que ce n'est pas une petite affaire, une cérémonie de ce genre dans les campagnes de la Norvège en général et du Telemark en particulier. Non! cela ne va pas sans quelque bruit.

Il s'ensuit donc que, le jour même, Joël eut à ce sujet un entretien avec sa mère. C'était peu d'instants après que dame Hansen avait été si vivement impressionnée par la rencontre de cet homme qui venait de lui annoncer la prochaine visite de M. Sandgoïst, de Drammen. Elle était allée s'asseoir dans

5

le fauteuil de la grande salle, et, là, toute absorbée, faisait machinalement tourner son rouet.

Joël le vit bien, sa mère était encore plus tourmentée que d'habitude; mais comme elle répondait invariablement « qu'elle n'avait rien », lorsqu'on l'interrogeait à cet égard, son fils ne voulut lui parler que du mariage de Hulda.

« Ma mère, dit-il, vous le savez, nous avons appris par la dernière lettre de Ole qu'il sera vraisemblablement de retour au Telemark dans quelques semaines.

— C'est à souhaiter, répondit dame Hansen, et puisse-t-il n'éprouver aucun retard !

— Voyez-vous quelque inconvénient à ce que nous fixions au 25 mai la date du mariage?

— Aucun, si Hulda y consent.

— Son consentement est tout donné déjà. Et maintenant, je vous demanderai, ma mère, si votre intention n'est pas de faire bien les choses à cette occasion.

— Qu'entends-tu par «faire bien les choses?» répondit dame Hansen, sans lever les yeux de son rouet.

— J'entends, avec votre agrément, cela va de soi, ma mère, que la cérémonie se rapporte avec notre situation dans le bailliage. Nous devons y convier nos connaissances, et, si la maison ne peut suffire à nos hôtes, il n'est pas un voisin qui ne s'empressera de les héberger.

— Quels seraient ces hôtes, Joël?

— Mais je pense qu'il faudra inviter tous nos amis de Mœl, de Tiness, de Bamble, et je m'en charge. J'imagine aussi que la présence de MM. Help frères, les armateurs de Bergen, ne pourra que faire honneur à la famille, et, avec votre agrément, je le répète, je leur offrirai de venir passer une journée à Dal. Ce sont de braves gens qui aiment beaucoup Ole, et je suis sûr qu'ils accepteront.

— Est-il donc si nécessaire, répondit dame Hansen, de traiter ce mariage avec tant d'importance?

— Je le pense, ma mère, et cela me paraît bon, ne fût-ce que dans l'intérêt de l'auberge de Dal, qui ne s'est pas dépréciée, que je sache, depuis la mort de notre père?

— Non... Joël... non!

— N'est-ce pas notre devoir de la maintenir au moins dans l'état où il l'a laissée? Donc, il me paraît utile de donner quelque retentissement au mariage de ma sœur.

— Soit, Joël.

— D'autre part, n'est-il pas temps que Hulda commence ses préparatifs, afin qu'aucun retard ne puisse venir d'elle? Que répondez-vous, ma mère, à ma proposition?

— Que Hulda et toi, vous fassiez ce qu'il faut!... » répondit dame Hansen.

Peut-être trouvera-t-on que Joël se pressait un peu, qu'il eût été plus rai- sonnable d'attendre le retour de Ole, pour fixer la date du mariage et surtout en commencer les préparatifs. Mais, comme il le disait, ce qui serait fait ne serait plus à faire. Et puis, cela distrairait Hulda de s'occuper des mille détails que comporte une cérémonie de ce genre. Il importait de ne pas laisser à ses pressentiments, que rien ne justifiait d'ailleurs, le temps de prendre le dessus.

Et d'abord il fallait songer à la fille d'honneur. Mais qu'on ne s'inquiète pas! Le choix était déjà fait. C'était une aimable demoiselle de Bamble, l'intime amie de Hulda. Son père, le fermier Helmboë, dirigeait un des gaards les plus importants de la province. Ce brave homme n'était pas sans une cer- taine fortune. Depuis longtemps déjà, il avait apprécié le caractère généreux de Joël, et, il faut le dire, sa fille Siegfrid ne l'appréciait pas moins à sa manière. Il était donc probable que, dans un temps prochain, après que Siegfrid aurait servi de fille d'honneur à Hulda, Hulda lui en servirait à son tour. Cela se fait en Norvège. Le plus souvent, même, ces agréables fonctions sont réservées aux femmes mariées. C'était donc un peu par dérogation, au profit de Joël, que Siegfrid Helmboë devait assister en cette qualité Hulda Hansen.

Grosse question, pour la fiancée comme pour la fille d'honneur, cette toi- lette qu'elles mettront le jour de la cérémonie.

Ole jura d'épouser Hulda. (Page 30.)

Siegfrid, jolie blonde de dix-huit ans, avait la ferme intention d'y paraître tout à son avantage. Prévenue par un petit mot de son amie Hulda, — Joël avait tenu à le lui remettre en mains propres, — elle s'occupa, sans perdre un instant, de ce travail qui n'est pas sans donner quelque souci.

Il s'agissait, en effet, d'un certain corsage dont la broderie, à dessins réguliers, devait être combinée de manière à renfermer la taille de Siegfrid comme dans un émail cloisonné. Puis, on parlait aussi d'une jupe recouvrant une série

« C'est ici l'auberge de dame Hansen? » (Page 41.)

de jupons, dont le nombre serait en rapport avec la fortune de Siegfrid, mais sans rien lui faire perdre des grâces de sa personne. Quant aux bijoux, quelle affaire que de choisir la plaque centrale du collier à filigrane d'argent mêlé de perles, les broches du corsage en argent doré ou en cuivre, les pendeloques en forme de cœur avec disques mobiles, les doubles boutons qui servent à agrafer le col de la chemise, la ceinture de laine, ou de soie rouge, d'où partent quatre rangées de chaînettes, les bagues avec petits glands qui s'entrechoquent harmonieusement, les boucles d'oreille et les bracelets en argent ajouré, enfin toute cette joaillerie campagnarde, dans laquelle, à vrai dire, l'or n'est qu'en mince feuille, l'argent en étamage, l'orfèvrerie en estampage, dont les perles sont du verre soufflé et les diamants du cristal! Mais encore convenait-il que l'œil fût satisfait de l'ensemble. Et, s'il le fallait, Siegfrid n'hésiterait pas à aller visiter les riches magasins de M. Benett, de Christiania, pour y faire ses emplettes. Son père ne s'y opposerait point. Loin de là! L'excellent homme laissait volontiers faire sa fille. Siegfrid, d'ailleurs, était assez raisonnable pour ne pas mettre à sec la bourse paternelle. Enfin, ce qui importait par-dessus tout, c'était que, ce jour-là, Joël la trouvât tout à son avantage.

Quant à Hulda, c'était non moins grave. Mais les modes sont impitoyables et donnent bien du mal aux fiancées dans le choix de leur toilette de mariage.

Hulda allait enfin abandonner les longues nattes enrubannées qui s'échappaient de son bonnet de jeune fille, et la haute ceinture à fermoir, retenant son tablier sur sa jupe écarlate. Elle ne porterait plus les fichus de fiançailles que Ole lui avait donnés en partant, ni le cordon auquel pendent ces petits sacs en cuir brodé où sont renfermés la cuiller d'argent à manche court, le couteau, la fourchette, l'étui à aiguilles, — autant d'objets dont une femme doit faire un constant emploi dans le ménage.

Non! Au jour prochain des noces, la chevelure de Hulda flotterait librement sur ses épaules, et elle était si abondante qu'il ne serait pas nécessaire d'y mêler ces postiches de lin dont abusent les jeunes Norvégiennes moins favorisées de la nature. En somme, pour son vêtement comme pour ses bijoux Hulda n'aurait qu'à puiser dans le coffre de sa mère. En effet, ces éléments de toilette se transmettent de mariage en mariage à toutes les générations de la même famille. Ainsi voit-on réapparaître le pourpoint brodé d'or, la ceinture de velours, la jupe de soie unie ou bariolée, les bas de wadmel, la chaîne d'or du cou et la couronne, — cette fameuse couronne scandinave, conservée dans le mieux fermé des bahuts, magnifique cartonnage doré qui se relève en bosse, tout constellé d'étoiles ou tout enguirlandé de feuillage, enfin, l'équivalent de la couronne de fleurs d'oranger en d'autres pays de l'Europe. Ce qui est certain, c'est que ce nimbe rayonnant avec ses filigranes délicats, ses pendeloques sonores, ses verroteries de couleur, devait encadrer d'une façon charmante le joli visage de Hulda. La « fiancée couronnée », comme on dit, ferait honneur à son époux. Lui, serait digne d'elle dans son flambant costume de mariage, — jaquette courte à boutons d'argent très rapprochés, chemise empesée à corolle droite, gilet à liseré soutaché de soie, culotte étroite, rattachée au genou avec des bouquets de floches laineuses, feutre mou, bottes jaunâtres, et, à la ceinture, dans sa gaîne de cuir, le couteau scandinave, le « dolknif », dont est toujours muni le vrai Norvégien.

Ainsi donc, de part et d'autre, il y aurait de quoi s'occuper sérieusement. Ce ne serait pas trop de quelques semaines, si l'on voulait que tout fût fini avant l'arrivée de Ole Kamp. Après tout, si Ole était de retour un peu plus tôt qu'il ne l'avait dit, et si Hulda n'était pas prête, Hulda ne s'en plaindrait pas, Ole non plus.

C'est à ces diverses occupations que se passèrent les dernières semaines d'avril et les premières de mai. De son côté, Joël était allé faire lui-même ses invitations, profitant de ce que son métier de guide lui laissait alors quelques loisirs. On remarqua même qu'il devait avoir nombre d'amis à Bamble, car il y alla souvent. S'il ne s'était pas rendu à Bergen, afin d'inviter MM. Help frères, du moins leur avait-il écrit. Et, comme il le pensait, ces honnêtes armateurs avaient accepté, non sans empressement, l'invitation d'assister au mariage de Ole Kamp, le jeune maître du *Viken*.

Cependant, le 15 mai était arrivé. D'un jour à l'autre on pouvait donc s'attendre à voir Ole descendre de sa kariol, ouvrir la porte, s'écrier de sa vioix joyeuse :

« C'est moi!... Me voilà! »

Il ne fallait plus qu'un peu de patience. D'ailleurs, tout était prêt. Siegfrid, de son côté, n'avait besoin que d'un signe pour apparaître dans tous ses atours.

Le 16, le 17, rien encore, et pas de nouvelle lettre que les courriers eussent apportée de Terre-Neuve.

« Il ne faut pas s'en étonner, petite sœur, répétait souvent Joël. Un navire à voiles peut avoir des retards. La traversée est longue de Saint-Pierre Miquelon à Bergen. Ah! que n'est-ce un bateau à vapeur, ce *Viken*, et que n'en suis-je la machine! Comme je le pousserais contre vent et marée, quand je devrais éclater en arrivant au port! »

Il disait tout cela parce qu'il voyait bien l'inquiétude de Hulda grandir de jour en jour.

Précisément, il y avait alors grand mauvais temps au Telemark. De rudes vents balayaient les hauts fields, et ces vents, qui soufflaient de l'ouest, venaient d'Amérique.

« Ils devraient pourtant favoriser la marche du *Viken!* répétait souvent la jeune fille.

— Sans doute, répondait Joël, mais s'ils sont trop forts, ils peuvent le gêner aussi et l'obliger à tenir tête à l'ouragan. On ne fait pas ce qu'on veut sur mer!

— Ainsi, tu n'es pas inquiet, Joël?

— Non, Hulda, non! Cela est très fâcheux, mais rien de plus naturel que ces retards! Non! Je ne suis pas inquiet, et il n'y a vraiment pas lieu de l'être! »

Le 19, il arriva à l'auberge un voyageur qui eut besoin d'un guide. Il s'agissait de le conduire jusque sur la limite du Hardanger en passant par les montagnes. Bien que très contrarié de laisser Hulda à elle-même, son frère ne pouvait refuser ses services. Ce serait une absence de quarante-huit heures au plus, et Joël comptait bien trouver Ole à son retour. La vérité est que le brave garçon commençait à être très tourmenté. Il partit donc dans la matinée, le cœur gros, il faut bien le dire.

Le lendemain, précisément, vers une heure après midi, on frappait à la porte de l'auberge.

« Serait-ce Ole! » s'écria Hulda.

Elle alla ouvrir.

Sur le seuil, se tenait un homme en manteau de voyage, juché sur le siège de sa kariol, et dont le visage lui était inconnu.

VI

« C'est ici l'auberge de dame Hansen?

— Oui, monsieur, répondit Hulda.

— Dame Hansen est-elle là?

— Non, mais elle va rentrer.

— Bientôt?

— A l'instant, et si vous avez à lui parler...

— Du tout. Je n'ai rien à lui dire.

— Voulez-vous une chambre?

— Oui, la plus belle de la maison!

— Faut-il vous préparer à dîner?

— Le plus vite possible, et veillez à ce qu'on me serve tout ce qu'il y a de meilleur! »

Tels furent les propos qui s'échangèrent entre Hulda et le voyageur, avant même que celui-ci fût descendu de la kariol dont il s'était servi pour venir jusqu'au cœur du Telemark, à travers les forêts, les lacs et les vallées de la Norvège centrale.

On connaît la kariol, cet engin de locomotion qu'affectionnent particulièrement les Scandinaves. Deux longs brancards entre lesquels se meut un cheval carré d'encolure, à robe jaunâtre et raie mulassière, dirigé par un simple mors de corde, passé non à sa bouche, mais à son nez, — deux grandes roues maigres, dont l'essieu, sans ressorts, supporte une petite caisse coloriée, à peine assez large pour une personne, — pas de capote, pas de garde-crotte, pas de marchepied, — derrière la caisse, une planchette sur laquelle se juche le skydskarl. Le tout ressemble à quelque énorme araignée, dont la

6

double toile serait formée par les deux roues de l'appareil. Et c'est avec cette machine rudimentaire que l'on peut faire des relais de quinze à vingt kilomètres sans trop de fatigue.

Sur un signe du voyageur, le jeune garçon vint tenir le cheval. Alors ce personnage se releva, se secoua, mit pied à terre, non sans quelques efforts qui se traduisirent par des maugréements d'assez mauvaise humeur.

« On peut remiser ma kariol? demanda-t-il d'un ton rude, en s'arrêtant sur le seuil de la porte.

— Oui, monsieur, répondit Hulda.

— Et donner à manger à mon cheval?

— Je vais le faire mettre à l'écurie.

— Qu'on en ait soin!

— Cela sera fait. — Puis-je vous demander si vous comptez rester quelques jours à Dal?

— Je n'en sais rien. »

La kariol et le cheval furent conduits à un petit hangar, bâti dans l'enclos même, sous l'abri des premiers arbres, au pied de la montagne. C'était la seule écurie-remise qu'il y eût à l'auberge, mais elle suffisait au service de ses hôtes.

Un instant après, le voyageur était installé dans la meilleure chambre, comme il l'avait demandé. Là, après s'être débarrassé de sa houppelande, il se chauffait devant un bon feu de bois sec qu'il avait fait allumer. Pendant ce temps, afin de satisfaire son humeur peu accommodante, Hulda recommandait à la piga de préparer le meilleur dîner possible, — une forte fille des environs, cette piga, qui, pendant la saison d'été, aidait à la cuisine et aux gros ouvrages de l'auberge.

Un homme encore solide, ce nouvel arrivé, bien qu'il eût déjà dépassé la soixantaine. Maigre, un peu courbé, de moyenne taille, une tête osseuse, une face glabre, un nez pointu, des yeux petits avec un regard perçant derrière de grosses lunettes, un front le plus souvent plissé, des lèvres trop minces pour qu'il pût jamais s'en échapper de bonnes paroles, de longues mains crochues; — c'était un type de prêteur sur gages ou d'usurier.

Hulda eut le pressentiment que ce voyageur ne devait rien apporter d'heureux dans la maison de dame Hansen.

Qu'il fût Norvégien, rien de plus sûr ; mais du type scandinave il avait surtout pris les côtés vulgaires. Son costume de voyage comprenait un chapeau de forme basse à larges bords, un vêtement en drap blanchâtre, veste croisée sur la poitrine, culotte rattachée au genou par l'ardillon d'une courroie de cuir, et, sur le tout, une sorte de pelisse brune, doublée intérieurement de peau de mouton, — ce que motivaient les soirées et les nuits très froides encore à la surface des plateaux et dans les vallées du Telemark.

Quant au nom de ce personnage, Hulda ne l'avait pas demandé. Mais elle ne pouvait tarder à l'apprendre, puisqu'il fallait qu'il l'inscrivit sur le livre de l'auberge.

En ce moment, dame Hansen rentra. Sa fille lui annonça l'arrivée d'un voyageur qui avait demandé le meilleur dîner et la meilleure chambre. Quant à savoir s'il prolongerait son séjour à Dal, elle l'ignorait ; il ne s'était point prononcé à cet égard.

« Et il n'a pas dit son nom ? demanda dame Hansen.

— Non, ma mère.

— Ni d'où il venait ?

— Non.

— C'est quelque touriste, sans doute. Il est fâcheux que Joël ne soit pas de retour pour se mettre à sa disposition. Comment ferons-nous s'il demande un guide ?

— Je ne crois pas que ce soit un touriste, répondit Hulda. C'est un homme déjà âgé...

— Si ce n'est point un touriste, que vient-il faire à Dal ? » dit dame Hansen, peut-être plus à elle-même qu'à sa fille, et d'un ton qui dénotait une certaine inquiétude.

A cette question, Hulda ne pouvait répondre, puisque le voyageur n'avait rien fait connaître de ses projets.

Une heure après son arrivée, cet homme entra dans la grande salle qui était contiguë à sa chambre. A la vue de dame Hansen, il s'arrêta un instant sur le seuil.

Évidemment, il était aussi inconnu à son hôtesse que son hôtesse l'était à lui-même. Aussi, s'avança-t-il vers elle, et, après l'avoir regardée par dessus ses lunettes :

« Dame Hansen, je pense ? dit-il, sans que le chapeau qu'il avait sur la tête eût même été touché de la main.

— Oui, monsieur, » répondit dame Hansen.

Et, en présence de cet homme, elle éprouva, comme sa fille, un trouble dont celui-ci dut s'apercevoir.

« Ainsi, c'est bien vous dame Hansen, de Dal ?

— Sans doute, monsieur. Avez-vous donc quelque chose de particulier à me dire ?

— Aucunement. Je voulais seulement faire votre connaissance. Ne suis-je pas votre hôte ? Et maintenant, veillez à ce qu'on me serve à dîner le plus tôt possible.

— Votre dîner est prêt, répondit Hulda. Si vous voulez passer dans la salle à manger...

— Je le veux ! »

Cela dit, le voyageur se dirigea vers la porte que lui montrait la jeune fille. Un instant après, il était assis près de la fenêtre devant une petite table proprement servie.

Le dîner était assurément bon. Aucun touriste — même des plus difficiles — n'y eût trouvé à reprendre. Cependant, ce personnage peu endurant n'épargna pas les signes et les paroles de mécontentement, — les signes surtout, car il ne paraissait pas être trop loquace. On pouvait se demander, vraiment, si c'était à son mauvais estomac, ou à son mauvais caractère qu'il devait d'être si exigeant. Le potage aux cerises et aux groseilles ne lui convint qu'à demi, bien qu'il fût excellent. Il ne toucha que des lèvres au saumon et au hareng mariné. Le jambon cru, un demi-poulet fort appétissant, quelques légumes bien accommodés, ne parurent point lui plaire. Il n'y eut pas jusqu'à sa bouteille de Saint-Julien et à sa demi-bouteille de Champagne

CARTE DU SUD DE LA NORVÈGE

dont il ne se montrât mécontent, bien qu'elles vinssent authentiquement des bonnes caves de France.

Il s'ensuit donc que, son repas terminé, le voyageur n'eut pas un seul *tack for mad* pour son hôtesse.

Après le dîner, ce mal embouché alluma sa pipe, sortit de la salle et vint se promener sur les bords du Maan.

Une fois arrivé sur la rive, il se retourna. Ses regards ne quittaient plus l'auberge. Il semblait qu'il l'étudiât sous toutes ses faces, plan, coupe, élévation, comme s'il eût voulu en estimer la valeur. Il en compta les portes et les fenêtres. Alors, s'étant approché des poutres horizontalement disposées à la base de la maison, il y fit deux ou trois entailles avec la pointe de son dolknif, comme s'il eût cherché à reconnaître la qualité du bois et son état de conservation. Voulait-il donc se rendre compte de ce que valait l'auberge de dame Hansen? Prétendait-il s'en rendre acquéreur, bien qu'elle ne fût point à vendre? C'était au moins fort étrange. Puis, après la maison, ce fut le petit clos dont il dénombra les arbres et les arbustes. Enfin, il en mesura deux des côtés d'un pas métrique, et le mouvement de son crayon sur une page de son carnet indiqua qu'il les multipliait l'un par l'autre.

Et, à chaque instant, c'étaient des hochements de tête, des froncements de sourcil, des hums! peu approbateurs.

Pendant ces allées et venues, dame Hansen et sa fille l'observaient à travers la fenêtre de la salle. A quel bizarre personnage avaient-elles donc affaire? Quel était le but du voyage de ce maniaque? En vérité, il était regrettable que tout cela se passât en l'absence de Joël, puisque ce voyageur allait rester toute la nuit dans l'auberge.

« Si c'était un fou? dit Hulda.

— Un fou?... Non! répondit dame Hansen. Mais c'est au moins un homme singulier.

— Il est toujours fâcheux de ne pas savoir qui on reçoit dans sa maison! dit la jeune fille.

— Hulda, répondit dame Hansen, avant que ce voyageur soit rentré, aie soin de porter dans sa chambre le livre de l'auberge.

— Oui, ma mère.

— Peut-être se décidera-t-il à y mettre son nom! »

Vers huit heures, la nuit étant déjà sombre, une petite pluie fine commença à tomber, remplissant la vallée d'un nuage de brumaille qui mouillait jusqu'à mi-montagne. Le temps était peu propice à la promenade. Aussi, le nouvel hôte de dame Hansen, après avoir remonté le sentier jusqu'à la scierie, revint-il à l'auberge où il demanda un petit verre de brandevin. Sans dire un mot de plus, sans souhaiter le bonsoir à personne, après avoir pris le chandelier de bois dont la bougie était allumée, il rentra dans sa chambre, il en verrouilla la porte, et on ne l'entendit plus de toute la nuit.

Le skydskarl, lui, s'était tout simplement réfugié dans le hangar. Là, entre les brancards de la kariol, il dormait déjà, en compagnie du cheval jaune, sans s'inquiéter de la bourrasque.

Le lendemain, dame Hansen et sa fille se levèrent dès l'aube. Aucun bruit ne venait de la chambre du voyageur, qui reposait encore. Un peu après neuf heures, il entra dans la grande salle, l'air plus bourru que la veille, se plaignant du lit qui était dur, du tapage de la maison qui l'avait éveillé, — ne saluant personne, d'ailleurs. Puis, il ouvrit la porte et vint regarder le ciel.

Médiocre apparence de temps. Un vent vif balayait les cimes du Gousta perdues dans les vapeurs, et s'engouffrait à travers la vallée en soufflant de violentes rafales.

Le voyageur ne se hasarda donc point à sortir. Mais il ne perdit pas son temps. Tout en fumant sa pipe, il se promena dans l'auberge, il chercha à en reconnaître la disposition intérieure, il en visita les diverses chambres, il examina le mobilier, il ouvrit les placards et les armoires, sans plus de gêne que s'il eût été chez lui. On eût dit d'un commissaire-priseur procédant à quelque recolement judiciaire.

Décidément, si l'homme était singulier, ses procédés étaient de plus en plus suspects.

Cela fait, il vint prendre place dans le grand fauteuil de la salle, et d'une

Le voyageur se chauffait devant un bon feu. (Page 42.)

voix brève et rude, il adressa plusieurs questions à dame Hansen. Depuis combien de temps l'auberge était-elle bâtie? Était-ce son mari Harald qui l'avait fait construire ou la tenait-il d'héritage? Avait-elle déjà nécessité quelques réparations? Quelle était la contenance de l'enclos et du sœter qui en dépendaient? Était-elle bien achalandée et d'un bon rapport? Combien y venait-il, en moyenne, de touristes pendant la belle saison? Y passaient-ils un ou plusieurs jours, etc.?

Il fallait attendre qu'il se fit quelque accalmie. (Page 55.)

7

Évidemment le voyageur n'avait pas pris connaissance du livre qui avait été déposé dans sa chambre, car cela l'eût renseigné, au moins sur cette dernière question.

En effet, le livre était encore à la place où Hulda l'avait mis la veille, et le nom du voyageur ne s'y trouvait pas.

« Monsieur, dit alors dame Hansen, je ne comprends pas trop comment et pourquoi ces choses peuvent vous intéresser. Mais, si vous désirez savoir ce qui en est de nos affaires, rien de plus facile. Vous n'avez qu'à consulter le livre de l'auberge. Je vous prierai même d'y inscrire votre nom, selon l'habitude...

— Mon nom?... Certes, j'y mettrai mon nom, dame Hansen!... Je le mettrai au moment où je prendrai congé de vous !

— Faut-il vous garder votre chambre?

— C'est inutile, répondit le voyageur en se levant. Je vais partir après déjeuner, afin d'être de retour à Drammen demain soir.

— A Drammen?... dit vivement dame Hansen.

— Oui ! Ainsi, faites-moi servir à l'instant.

— Vous demeurez à Drammen?

— Oui ! Qu'y a-t-il d'étonnant, s'il vous plaît, à ce que je demeure à Drammen? »

Ainsi donc, après avoir passé à peine une journée à Dal ou plutôt dans l'auberge, ce voyageur s'en retournait sans avoir rien vu du pays! Il ne poussait pas plus loin dans le bailliage ! Du Gousta, du Rjukanfos, des merveilles de la vallée du Vestfjorddal, il ne se souciait en aucune façon ! Ce n'était pas pour son plaisir, c'était pour ses affaires qu'il avait quitté Drammen, où il demeurait, et il semblait qu'il n'avait eu d'autre motif que de visiter en détail la maison de dame Hansen.

Hulda vit bien que sa mère était profondément troublée. Dame Hansen était allée se placer dans le grand fauteuil, et, repoussant son rouet, elle resta immobile, sans prononcer une parole.

Cependant le voyageur venait de passer dans la salle à manger et s'était mis à table.

Du déjeuner, aussi soigné que l'avait été le dîner de la veille, il ne parut pas plus satisfait. Et pourtant, il mangea bien et but de même, sans se presser. Son attention semblait se porter plus spécialement sur la valeur de l'argenterie, — luxe auquel tiennent les campagnards de la Norvège — quelques cuillers et fourchettes qui se transmettent de père en fils et que l'on garde précieusement avec les bijoux de famille.

Pendant ce temps, le skydskarl faisait ses préparatifs de départ dans la remise. A onze heures, le cheval et la kariol attendaient devant la porte de l'auberge.

Le temps était toujours peu engageant, le ciel gris et venteux. Parfois la pluie cinglait le vitrail des fenêtres comme une mitraille. Mais le voyageur, sous sa grosse capote doublée de peau, n'était pas homme à s'inquiéter des rafales.

Le déjeuner terminé, il avala un dernier verre de brandevin, il alluma sa pipe, passa sa houppelande, rentra dans la grande salle, et demanda sa note.

« Je vais la préparer, répondit Hulda, qui alla s'asseoir devant un petit bureau.

— Faites vite ! dit le voyageur. — En attendant, ajouta-t-il, donnez-moi le livre pour que j'inscrive mon nom. »

Dame Hansen se leva, alla chercher le livre et vint le poser sur la grande table.

Le voyageur prit une plume, regarda une dernière fois dame Hansen par-dessus ses lunettes. Et alors, d'une grosse écriture, il écrivit son nom sur le livre, qu'il referma.

En ce moment, Hulda lui apporta la note.

Il la prit, il en examina les articles, en grommelant ; il en refit l'addition sans doute.

« Hum ! fit-il. Voilà qui est cher ! Sept marks et demi pour une nuit et deux repas ?

— Il y a le skydskarl et le cheval, fit observer Hulda.

— N'importe ! Je trouve cela cher ! En vérité, je ne m'étonne pas si on fait de bonnes affaires dans la maison !

— Vous ne devez rien, monsieur ! » dit alors dame Hansen d'une voix si troublée qu'on l'entendit à peine.

Elle venait d'ouvrir le livre, elle y avait lu le nom inscrit, et elle répéta, en reprenant la note, qu'elle déchira :

« Vous ne devez rien !

— C'est mon avis ! » répondit le voyageur.

Et, sans donner plus de bonsoir en sortant qu'il n'avait donné de bonjour en arrivant, il monta dans sa kariol, pendant que le gamin sautait derrière lui sur la planchette. Quelques instants après, il avait disparu au tournant de la route.

Lorsque Hulda eut ouvert le livre, elle n'y trouva que ce nom :

« Sandgoïst, de Drammen. »

VII

C'était dans l'après-midi, le lendemain, que Joël devait rentrer à Dal, après avoir laissé sur la route qui conduit au Hardanger, le touriste auquel il servait de guide.

Hulda, sachant que son frère allait revenir en suivant les plateaux du Gousta, par la rive gauche du Maan, était venue l'attendre au passage de l'impétueuse rivière. Elle s'assit près du petit appontement qui sert d'embarcadère au bac. Là, elle se perdit dans ses réflexions. Aux vives inquiétudes que lui causait le retard du *Viken*, se joignait maintenant une anxiété très grande. Cette anxiété avait pour cause la visite de ce Sandgoïst et l'attitude de dame Hansen devant lui. Pourquoi, dès qu'elle avait appris son nom, avait-elle déchiré la note, refusé de recevoir ce qui lui était dû ? Il y avait là quelque secret — grave sans doute.

Hulda fut enfin tirée de ses réflexions par l'arrivée de Joël. Elle l'aperçut qui dévalait les premières assises de la montagne. Tantôt il apparaissait au milieu des étroites clairières, entre les arbres abattus ou brûlés par places.

Tantôt il disparaissait sous l'épaisse ramure des pins, des bouleaux et des hêtres, dont ces croupes sont hérissées. Enfin, il atteignit la rive opposée et se jeta dans le petit bac. En quelques coups d'aviron, il eut franchi les violents remous du cours d'eau. Puis, sautant sur la berge, il fut près de sa sœur.

« Ole est-il de retour? » demanda-t-il.

C'est à Ole qu'il pensa tout d'abord. Mais sa demande fut laissée sans réponse.

« Pas de lettre de lui?

— Pas une! »

Et Hulda s'abandonna à ses larmes.

« Non, s'écria Joël, ne pleure pas, chère sœur, ne pleure pas!... Tu me fais trop de mal!... Je ne peux pas te voir pleurer!... Voyons! Tu dis : pas de lettre!... Évidemment, cela commence à devenir inquiétant! Mais il n'y a pas encore lieu de se désespérer! Tiens, si tu veux, je vais aller à Bergen. Je m'informerai... Je verrai messieurs Help frères. Peut-être ont-ils des nouvelles de Terre-Neuve. Pourquoi le *Viken* n'aurait-il pas relâché en quelque port pour cause d'avaries ou par la nécessité de fuir devant le mauvais temps? Il est certain que le vent souffle en bourrasque depuis plus d'une semaine. Quelquefois on a vu des navires du New-Found-Land se réfugier en Islande ou aux Feroë. C'est même arrivé à Ole, il y a deux ans, quand il était à bord du *Strenna*. Et on n'a pas tous les jours des courriers pour écrire! Je te dis cela comme je le pense, petite sœur. Calme-toi!... Si tu me fais pleurer, qu'est-ce que nous deviendrons?

— C'est plus fort que moi, frère!

— Hulda!... Hulda!... Ne perds pas courage!... Je t'assure que, moi, je ne suis pas désespéré!

— Dois-je te croire, Joël?

— Oui, tu le dois! Mais, pour te rassurer, veux-tu que je parte pour Bergen, demain matin... ce soir?...

— Je ne veux pas que tu me quittes!... Non!... Je ne le veux pas! » répondit Hulda, en s'attachant à son frère comme si elle n'avait plus que lui au monde.

Tous deux reprirent alors le chemin de l'auberge. Mais il s'était mis à pleuvoir, et même la raffale devint si violente qu'ils durent se réfugier dans la hutte du passeur, à quelques centaines de pas en arrière des rives du Maan.

Là, il fallait attendre qu'il se fît quelque accalmie. Et alors Joël éprouva le besoin de parler, de parler quand même. Le silence lui semblait plus désespérant que ce qu'il pourrait dire, quand même ce ne seraient pas des paroles d'espoir.

« Et notre mère? dit-il.

— Toujours de plus en plus triste ! répondit Hulda.

— Il n'est venu personne en mon absence?

— Si, un voyageur, qui est reparti.

— Ainsi, il n'y a en ce moment aucun touriste à l'auberge, et on n'a pas fait demander de guide?

— Non, Joël.

— Tant mieux, car je préfère ne pas te quitter. D'ailleurs, si le mauvais temps continue, je crains bien que, cette année, les touristes renoncent à courir le Telemark !

— Nous ne sommes encore qu'en avril, frère !

— Sans doute, mais j'ai le pressentiment que la saison ne sera pas bonne pour nous ! Enfin, nous verrons ! Mais dis-moi, c'est hier que ce voyageur a quitté Dal?

— Oui, dans la matinée.

— Et qui était-ce ?

— Un homme venu de Drammen, où il demeure, paraît-il, et qui se nomme Sandgoïst.

— Sandgoïst?

— Le connaîtrais-tu?

— Non, » répondit Joël.

Hulda s'était déjà demandé si elle raconterait à son frère tout ce qui s'était passé à l'auberge en son absence. Lorsque Joël apprendrait avec quel sans gêne cet homme s'était conduit, comment il semblait avoir calculé la

Une scierie se montra. (Page 61.)

valeur de la maison et du mobilier, quelle attitude dame Hansen avait cru
devoir prendre vis-à-vis de lui, qu'imaginerait-il? Ne penserait-il pas que
leur mère devait avoir de bien graves raisons pour agir comme elle l'avait
fait? Or, quelles étaient ces raisons? Que pouvait-il y avoir de commun
entre elle et ce Sandgoïst? Il y avait certainement là un secret menaçant
pour la famille! Joël voudrait le connaître, il interrogerait sa mère, il la
presserait de questions... Dame Hansen, si peu communicative, si réfractaire

Sur une roche, en face de la chute. (Page 62.)

à toute effusion, voudrait garder le silence comme elle l'avait fait jusqu'alors. La situation entre elle et ses enfants, si affligeante déjà, deviendrait plus pénible encore.

Mais la jeune fille aurait-elle pu rien taire à Joël? Un secret pour lui! N'eût-ce pas été comme une paille dans l'amitié de fer qui les unissait l'un à l'autre? Non! il ne fallait pas que cette amitié pût jamais être brisée! Hulda résolut donc de tout dire.

3

« Tu n'as jamais entendu parler de ce Sandgoïst, quand tu allais à Drammen? reprit-elle.

— Jamais.

— Eh bien, sache donc, Joël, que notre mère le connaissait déjà, au moins de nom!

— Elle connaissait Sandgoïst?

— Oui, frère.

— Mais, ce nom, je ne le lui ai jamais entendu prononcer!

— Elle le connaissait, cependant, bien qu'elle n'eût jamais vu cet homme avant sa visite d'avant-hier! »

Et Hulda raconta tous les incidents qui avaient marqué le séjour du voyageur dans l'auberge, sans omettre l'acte singulier de dame Hansen au moment du départ de Sandgoïst. Elle se hâta d'ajouter :

« Je pense, mon Joël, qu'il vaut mieux ne rien demander à notre mère. Tu la connais! Ce serait la rendre plus malheureuse encore. L'avenir nous apprendra, sans doute, ce qui se cache dans son passé. Fasse le ciel que Ole nous soit rendu, et, s'il y a quelque affliction qui menace la famille, nous serons trois, du moins, à la partager! »

Joël avait écouté sa sœur avec une profonde attention. Oui! Entre dame Hansen et ce Sandgoïst, il y avait de graves raisons qui mettaient l'une à la merci de l'autre! Pouvait-on douter que cet homme fût venu pour inventorier l'auberge de Dal? Évidemment non! Et cette note déchirée au moment où il allait partir — ce qui lui avait paru tout naturel, — qu'est-ce que cela pouvait signifier?

« Tu as raison, Hulda, dit Joël, je ne parlerai de rien à notre mère. Peut-être regrettera-t-elle de ne pas s'être confiée à nous. Pourvu qu'il ne soit pas trop tard! Elle doit bien souffrir, la pauvre femme! Elle s'est butée! Elle ne comprend pas que le cœur de ses enfants est fait pour qu'elle y verse ses peines!

— Elle le comprendra un jour, Joël.

— Oui! Aussi attendons! Mais d'ici là! il ne me sera pas défendu de chercher à savoir ce qu'est cet individu. Peut-être monsieur Helmboë le connaît-il? Je le lui demanderai la première fois que j'irai à Bamble, et, s'il le faut, je pousserai jusqu'à Drammen. Là, il ne doit pas être difficile d'apprendre au moins ce que fait cet homme, à quel genre d'affaires il se livre, ce qu'on en pense...

— Rien de bon, j'en suis sûre, répondit Hulda. Sa figure est mauvaise, son regard méchant. Je serais bien surprise s'il y avait une âme généreuse sous cette grossière enveloppe !

— Allons, reprit Joël, ne jugeons point les gens sur l'apparence ! Je parie que tu lui trouverais une agréable mine, à ce Sandgoïst, si tu le regardais, étant au bras de Ole...

— Mon pauvre Ole ! murmura la jeune fille.

— Il reviendra, il revient, il est en route ! s'écria Joël. Aie confiance, Hulda ! Ole n'est plus loin maintenant, et nous le gronderons au retour pour s'être fait attendre ! »

La pluie avait cessé. Tous deux sortirent de la hutte et remontèrent le sentier afin de regagner l'auberge.

« A propos, dit alors Joël, je repars demain.

— Tu repars?...

— Oui, dès le matin.

— Déjà, frère?

— Il le faut, Hulda. En quittant le Hardanger, j'ai été prévenu par un de mes camarades qu'un voyageur venait du nord par les hauts plateaux du Rjukanfos où il doit arriver demain.

— Quel est ce voyageur?

— Ma foi, je ne sais pas même son nom. Mais il est nécessaire que je sois là pour le ramener à Dal.

— Pars donc, puisque tu ne peux t'en dispenser ! répondit Hulda avec un gros soupir.

— Demain, au lever du jour, je me mettrai en route. Cela te chagrine, Hulda?

— Oui, frère ! Je suis bien plus inquiète quand tu me laisses... même pour quelques heures !

— Eh bien, cette fois, sache que je ne pars pas seul !

— Et qui donc t'accompagne ?

— Toi, petite sœur, toi ! Il faut te distraire, et je t'emmène !

— Ah ! merci, mon Joël ! »

VIII

Le lendemain, tous deux quittèrent l'auberge dès l'aube. Une quinzaine de kilomètres de Dal aux célèbres chutes, autant pour en revenir, ce n'eût été qu'une promenade pour Joël, mais il fallait ménager les forces de Hulda. Joël s'était donc assuré de la kariol du contremaître Lengling, et, comme toutes les kariols, celle-ci n'avait qu'une place. Il est vrai, ce brave homme était si gros qu'il avait fallu fabriquer une caisse à sa convenance. Or, c'était suffisant pour que Hulda et Joël pussent y tenir l'un près de l'autre. Donc, si le voyageur annoncé se trouvait au Rjukanfos, il prendrait la place de Joël, et celui-ci reviendrait à pied ou monterait sur la planchette derrière la caisse.

Route charmante, de Dal aux chutes, quoique prodigue de cahots. Incontestablement, c'est plutôt un sentier qu'une route. Des poutres à peine équarries, jetées sur les rios tributaires du Maan, la traversent en formant des ponceaux à quelques centaines de pas les uns des autres. Mais le cheval norvégien est habitué à les franchir d'un pied sûr, et, si la kariol n'a point de ressorts, ses longs brancards, un peu élastiques, atténuent, dans une certaine mesure, les heurts du sol.

Le temps était beau. Joël et Hulda allaient d'un bon pas le long des verdoyantes prairies, baignées à leur lisière de gauche par les eaux claires du Maan. Quelques milliers de bouleaux ombrageaient çà et là le chemin gaîment ensoleillé. La buée de la nuit se fondait en gouttelettes à la pointe des longues herbes. Sur la droite du torrent, à deux mille mètres d'altitude, les plaques

neigeuses du Gousta jetaient dans l'espace un intense rayonnement de lumière.
Pendant une heure, la kariol marcha assez rapidement. La montée était insensible encore. Mais bientôt le val se rétrécit peu à peu. De part et d'autre les rios se changèrent en fougueux torrents. Bien que le chemin devînt sinueux, il ne pouvait éviter toutes les dénivellations du sol. De là, des passages vraiment durs, dont Joël se tirait avec adresse. Près de lui, d'ailleurs, Hulda ne craignait rien. Quand le cahot était trop accentué, elle s'accrochait à son bras. La fraîcheur du matin colorait sa jolie figure, bien pâle depuis quelque temps.

Cependant, il fallut encore atteindre une altitude plus élevée. La vallée ne donnait guère passage qu'au cours resserré du Maan, entre deux murailles coupées à pic. Sur les fields voisins apparaissaient une vingtaine de maisons isolées, des ruines de sœters ou de gaards, livrées à l'abandon, des cabanes de pâtres, perdues entre les bouleaux et les hêtres. Bientôt il ne fut plus possible de voir la rivière; mais on l'entendait mugir dans le sonore encaissement des roches. La contrée avait pris un aspect grandiose et sauvage à la fois, en élargissant son cadre jusqu'à la crête des montagnes.

Après deux heures de marche, une scierie se montra sur le bord d'une chute de quinze cents pieds, utilisée pour le mécanisme de sa double roue. Les cascades qui ont cette hauteur ne sont point rares dans le Vestfjorddal; mais le volume de leurs eaux est peu considérable. C'est en cela que l'emporte celle du Rjukanfos.

Joël et Hulda, arrivés à la scierie, mirent pied à terre.

« Une demi-heure de marche ne te fatiguera pas trop, petite sœur? dit Joël.

— Non, frère, je ne suis point lasse, et même cela me fera du bien de marcher un peu.

— Un peu... beaucoup, et toujours en montant!

— Je m'appuierai à ton bras, Joël! »

Là, en effet, il avait fallu abandonner la kariol. Elle n'aurait pu franchir les sentiers ardus, les passes étroites, les talus semés de roches branlantes, dont les capricieux contours, ombragés d'arbres ou dénudés, annoncent la grande chute.

Mais, déjà, s'élevait une sorte de vapeur épaisse au milieu d'un bleuâtre

lointain. C'étaient les eaux pulvérisées du Rjukan, et leurs volutes se
déroulaient à une assez grande hauteur.

Hulda et Joël prirent une sente, bien connue des guides, qui s'abaisse vers
l'étranglement de la vallée. Il fallut se glisser entre les arbres et les arbustes.
Quelques instants après, tous deux étaient assis sur une roche tapissée de
mousses jaunâtres, presque en face de la chute. On ne peut en approcher
de ce côté.

Là, le frère et la sœur auraient eu quelque peine à s'entendre, s'ils eussent
parlé. Mais alors leurs pensées étaient de celles qui peuvent se communiquer,
sans que les lèvres les formulent, par le cœur.

Le volume de la chute du Rjukan est énorme, sa hauteur considérable,
son mugissement grandiose. C'est de neuf cents pieds que le sol manque
subitement au lit du Maan, à mi-chemin à peu près entre le lac Mjös en
amont et le lac Tinn en aval. Neuf cents pieds, c'est-à-dire, six fois la hauteur du Niagara, dont la largeur, il est vrai, mesure trois milles de la rive
américaine à la rive canadienne.

Ici, le Rjukanfos a des aspects étranges, difficiles à reproduire par la des-
cription. La peinture même ne les rendrait que d'une façon insuffisante. Il
est certaines merveilles naturelles qu'il faut voir pour en comprendre toute la
beauté, entre autres cette chute, la plus célèbre de tout le continent européen.

Et c'est précisément à quoi s'occupait alors un touriste, assis sur la paroi
de gauche du Maan. A cette place, il pouvait observer le Rjukanfos de plus
près et de plus haut.

Ni Joël, ni sa sœur ne l'avaient encore aperçu, bien qu'il fût visible. Ce
n'était pas la distance, mais un effet d'optique, spécial aux sites de montagnes,
qui le faisait paraître très petit, et, par conséquent, plus éloigné qu'il
ne l'était réellement.

A ce moment, ce voyageur venait de se relever et s'aventurait très
imprudemment sur la croupe rocheuse qui s'arrondissait comme un dôme
vers le lit du Maan. Évidemment, ce que ce curieux voulait voir, c'étaient
les deux cavités du Rjukanfos, l'une à gauche, pleine du bouillonnement
des eaux, l'autre à droite, toujours emplie d'épaisses vapeurs. Peut-être

même cherchait-il à reconnaître s'il n'existe pas une troisième cavité inférieure à mi-hauteur de la chute. Sans doute, cela expliquerait comment le Rjukan, après s'y être engouffré, rebondit en rejetant à de certains intervalles, son trop-plein tumultueux. On dirait que les eaux sont lancées par quelque coup de mine, qui couvre de leurs embruns les fields environnants.

Cependant le touriste s'avançait toujours sur ce dos d'âne, pierreux et glissant, sans une racine, sans une touffe, sans une herbe, qui porte le nom de Passe-de-Marie ou Maristien.

Il ignorait donc, l'imprudent, la légende qui a rendu cette passe célèbre. Un jour, Eystein voulut rejoindre, par ce dangereux chemin, la belle Marie du Vestfjorddal. De l'autre côté de la passe, sa fiancée lui tendait les bras. Tout à coup, son pied manque, il tombe, il glisse, il ne peut se retenir sur ces roches unies comme une glace, il disparaît dans le gouffre, et les rapides du Maan ne rendirent jamais son cadavre.

Ce qui était arrivé à l'infortuné Eystein allait-il donc arriver à ce téméraire engagé sur les pentes du Rjukanfos?

C'était à craindre. Et, en effet, il s'aperçut du péril, mais trop tard. Soudain, le point d'appui fit défaut à son pied, il poussa un cri, il roula d'une vingtaine de pas, et n'eut que le temps de se raccrocher à la saillie d'une roche, presque à la lisière de l'abîme.

Joël et Hulda ne l'avaient point encore aperçu, mais ils venaient de l'entendre.

« Qu'est-ce donc? dit Joël en se levant.

— Un cri! répondit Hulda.

— Oui!... Un cri de détresse!

— De quel côté?...

— Écoutons! »

Tous deux regardaient à droite, à gauche de la chute ; ils ne purent rien voir. Ils avaient bien entendu, cependant, ces mots : « A moi!... A moi! », jetés au milieu d'une de ces accalmies régulières, qui durent près d'une minute entre chaque bond du Rjukan.

L'appel se renouvela.

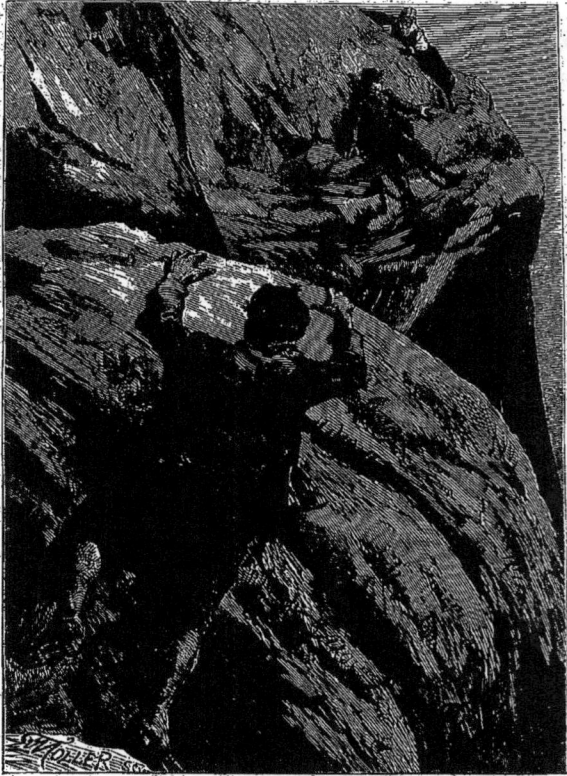

Joël se mit à ramper... (Page 66.)

« Joël, dit Hulda, il y a quelque voyageur en péril, qui demande secours! Il faut aller à lui...

— Oui, sœur, et il ne peut être loin! Mais de quel côté?... Où est-il?... Je ne vois rien! »

Hulda venait de remonter le talus, en arrière de la roche sur laquelle elle était assise, s'accrochant aux maigres touffes qui revêtent cette rive gauche du Maan.

Soutenu par Hulda et Joël... (Page 70.)

« Joël ! cria-t-elle enfin.

— Tu vois ?...

— Là... là ! »

Et Hulda montrait l'imprudent, suspendu presque au-dessus du gouffre. Si son pied, arcbouté contre la mince saillie, lui manquait, s'il glissait un peu plus bas, s'il se laissait aller au vertige, il était perdu.

« Il faut le sauver ! dit Hulda.

— Oui, il le faut ! répondit Joël. Avec du sang-froid, nous arriverons jusqu'à lui »

Joël, poussa alors un long cri. Il fut entendu du voyageur, dont la tête se retourna de son côté. Puis, pendant quelques instants, Joël chercha à reconnaître ce qu'il y aurait de plus prompt et de plus sûr à faire pour le tirer de ce mauvais pas.

« Hulda, dit-il, tu n'as pas peur ?

— Non, frère !

— Tu connais bien la Maristien ?

— J'y suis déjà passée plusieurs fois !

— Eh bien, va par le haut de la croupe en te rapprochant du voyageur d'aussi près que possible ! Ensuite, laisse-toi glisser doucement jusqu'à lui, et prends-le par la main de manière à bien le tenir. Mais qu'il n'essaie pas encore de se relever ! Le vertige le saisirait, il t'entraînerait avec lui, et vous seriez perdus !

— Et toi, Joël ?

— Moi, pendant que tu iras par le haut, je ramperai par le bas le long de l'arête, du côté du Maan. Je serai là quand tu arriveras, et, si vous glissiez, peut-être pourrais-je vous retenir tous deux ! »

Puis, d'une voix retentissante, profitant d'une nouvelle accalmie du Rjukan-fos, Joël cria :

« Ne bougez pas, monsieur !... Attendez !... Nous allons tâcher d'aller à vous ! »

Hulda avait déjà disparu derrière les hautes touffes du talus, afin de redescendre latéralement sur l'autre croupe de la Maristien.

Joël ne tarda pas à voir la brave fille qui apparaissait au tournant des derniers arbres.

De son côté, au péril de sa vie, il se mit à ramper lentement le long de la portion déclive de ce dos arrondi qui borde l'encaissement du Rjukanfos. Quel sang-froid surprenant, quelle sûreté du pied et de la main, ne fallait-il pas pour côtoyer ce gouffre, dont les parois s'humectaient des embruns de la cataracte !

Parallèlement à lui, mais à une centaine de pieds au-dessus, Hulda s'avan-

çait en obliquant, de manière à gagner plus aisément l'endroit où le voyageur
se tenait immobile. Dans la position que celui-ci occupait, on ne pouvait voir
sa figure qui était tournée du côté de la chute.

Joël, arrivé au-dessous de lui, s'arrêta. Après s'être arc-bouté solidement
dans une cassure de roche :

« Eh !... monsieur ! » cria-t-il.

Le voyageur tourna la tête.

« Eh, monsieur ! reprit Joël. Ne faites pas un mouvement, pas un seul, et
tenez bon !

— Soyez tranquille, je tiens bon, mon ami ! lui fut-il répondu d'un ton qui
rassura Joël. Si je ne tenais pas bon, il y a un quart d'heure que je serais
par le fond du Rjukanfos !

— Ma sœur va descendre jusqu'à vous, reprit Joël. Elle vous prendra par
la main. Mais, avant que je sois là, n'essayez pas de vous relever !... Ne
bougez pas...

— Pas plus qu'un roc ! » répliqua le voyageur.

Déjà Hulda commençait à descendre de son côté, cherchant les points moins
glissants de la croupe, engageant son pied dans les crevasses où il trouvait
un appui solide, la tête libre, ainsi qu'il en est de ces filles du Telemark,
habituées à dévaler les rampes des fields.

Et, de même que l'avait crié Joël, elle cria aussi

« Tenez bon, monsieur !

— Oui, je tiens... et je tiendrai, je vous l'assure, tant que je pourrai tenir ! »

On le voit, les recommandations ne lui manquaient pas. Elles venaient d'en
bas et d'en haut.

« Surtout n'ayez pas peur ! ajouta Hulda.

— Je n'ai pas peur !

— Nous vous sauverons ! cria Joël.

— J'y compte bien, car, par saint Olaf ! je ne pourrais me sauver tout
seul ! »

Évidemment, ce voyageur avait absolument conservé sa présence d'esprit.
Mais, après sa chute, sans doute, bras et jambes lui avaient refusé service, et

tout ce qu'il pouvait faire, maintenant, c'était de se retenir à la mince saillie
qui le séparait du gouffre.

Cependant, Hulda descendait toujours. Quelques instants plus tard, elle
eut rejoint le voyageur. Alors, ayant appuyé son pied contre une aspérité du
roc, elle lui prit la main.

Le voyageur essaya de se redresser un peu.

« Ne bougez pas, monsieur !... Ne bougez pas !... dit Hulda. Vous m'entraî-
neriez avec vous, et je ne serais pas assez forte pour vous retenir ! Il faut
attendre l'arrivée de mon frère ! Quand il se sera placé entre nous et le
Rjukanfos, vous essaierez de vous relever afin de...

— Me relever, ma brave fille ! C'est plus facile à dire qu'à faire, et je crains
bien que ce soit peu aisé !

— Seriez-vous blessé, monsieur ?

— Hum ! Rien de cassé, rien de luxé, je l'espère, mais du moins, une belle
et bonne écorchure à la jambe ! »

Joël se trouvait alors à une vingtaine de pieds de la place occupée par Hulda
et le voyageur, — en contre-bas. La courbure de la croupe l'avait empêché
de les rejoindre directement. Il lui fallait donc remonter maintenant cette
surface arrondie. C'était le plus difficile et aussi le plus dangereux. Il y allait
de la vie.

« Pas un mouvement, Hulda ! cria-t-il une dernière fois. Si vous glissiez
tous deux, comme je ne suis pas en bonne position pour vous retenir, nous
serions perdus !

— Ne crains rien, Joël ! répondit Hulda. Ne songe qu'à toi, et que Dieu te
vienne en aide ! »

Joël commença à se hisser sur le ventre, en se traînant par un véritable
mouvement de reptation. Deux ou trois fois, il sentit que tout point d'appui
allait lui manquer. Mais enfin, à force d'adresse, il parvint à remonter jusqu'auprès du voyageur.

Celui-ci, un homme âgé déjà, mais de complexion vigoureuse, avait une
belle figure, aimable et souriante. En vérité, Joël se fût plutôt attendu
à trouver là quelque jeune audacieux qui s'était engagé à franchir la Maristien.

« C'est bien imprudent ce que vous avez fait, monsieur ! dit-il en se couchant à demi pour reprendre haleine.

— Comment, si c'est imprudent ? répliqua le voyageur. Dites donc que c'est tout bonnement absurde !

— Vous avez risqué votre vie...

— Et je vous ai fait risquer la vôtre !

— Oh ! moi !... c'est un peu mon métier ! » répondit Joël.

Et, se relevant :

« Maintenant, il s'agit de regagner le haut de la croupe, ajouta-t-il, mais le plus difficile est fait.

— Oh ! le plus difficile !...

— Oui, monsieur, c'était d'arriver jusqu'à vous. Nous n'avons plus qu'à remonter une pente bien moins raide.

— C'est que vous ferez bien de ne pas trop compter sur moi, mon garçon ! J'ai une jambe qui ne pourra guère me servir, ni en ce moment ni pendant quelques jours, peut-être !

— Essayez de vous relever !

— Volontiers... avec votre aide !

— Vous prendrez le bras de ma sœur. Moi, je vous soutiendrai et vous pousserai par les reins.

— Solidement ?...

— Solidement.

— Eh bien, mes amis, je m'en rapporte à vous. Puisque vous avez eu la pensée de me tirer d'affaire, cela vous regarde. »

On procéda, ainsi que l'avait dit Joël, — prudemment. Si de remonter la croupe ne fut pas sans quelque danger, tous trois s'en tirèrent mieux et plus vite qu'ils ne l'espéraient. D'ailleurs, ce n'était ni d'une foulure ni d'une entorse que souffrait le voyageur, mais simplement d'une très forte écorchure. Il put donc faire meilleur usage de ses deux jambes qu'il ne le croyait, non sans douleur, toutefois. Dix minutes après, il était en sûreté au delà de la Maristien.

Là, il aurait pu se reposer sous les premiers sapins qui bordent le field supérieur du Rjukanfos. Mais Joël lui demanda un effort de plus. Il s'agissait de gagner une cabane perdue sous les arbres, un peu en arrière de la roche sur laquelle sa sœur et lui s'étaient arrêtés en arrivant à la chute. Le voyageur essaya de faire l'effort demandé, il y réussit, et, soutenu, d'un côté par Hulda, de l'autre par Joël, il arriva sans trop de mal devant la porte de la cabane.

« Entrons, monsieur, dit alors la jeune fille, et, là, vous vous reposerez un instant.

— L'instant pourra-t-il durer un bon quart d'heure?

— Oui, monsieur, et ensuite, il faudra bien que vous consentiez à venir avec nous jusqu'à Dal.

— A Dal?... Eh! c'est précisément à Dal que j'allais!

— Seriez-vous donc le touriste qui vient du nord, demanda Joël, et qui m'avait été signalé au Hardanger?

— Précisément.

— Ma foi, vous n'aviez pas pris le bon chemin...

— Je m'en doute un peu.

— Et, si j'avais pu prévoir ce qui est arrivé, je serais allé vous attendre de l'autre côté du Rjukanfos!

— Ça, c'eût été une bonne idée, mon brave jeune homme! Vous m'auriez épargné une imprudence impardonnable à mon âge...

— A tout âge, monsieur! » répondit Hulda.

Tous trois entrèrent alors dans la cabane, où se trouvait une famille de paysans, le père, la mère et leurs deux filles qui se levèrent et firent bon accueil aux arrivants.

Joël put alors constater que le voyageur n'avait qu'une assez grave écorchure à la jambe, un peu au-dessous du genou. Cela nécessiterait certainement une bonne semaine de repos; mais la jambe n'était ni luxée, ni cassée, l'os n'était pas même atteint. C'était l'essentiel.

Du laitage excellent, des fraises en abondance, un peu de pain bis, furent offerts et acceptés. Joël ne se cacha point de montrer un formidable appétit; et, si Hulda mangea à peine, le voyageur ne refusa pas de tenir tête à son frère.

« Vraiment, dit-il, cet exercice m'a creusé l'estomac! Mais j'avouerai volontiers que de prendre par la Maristien, c'était plus qu'imprudent! Vouloir jouer le rôle de l'infortuné Eystein, quand on pourrait être son père... et même son grand-père!...

— Ah! vous connaissez la légende? dit Hulda.

— Si je la connais!... Ma nourrice m'endormait en me la chantant, à l'heureux âge où j'avais encore une nourrice! Oui, je la connais, ma courageuse fille, et je n'en suis que plus coupable! — Maintenant, mes amis, Dal est un peu loin pour l'invalide que je suis! Comment allez-vous me transporter jusque-là?

— Ne vous inquiétez de rien, monsieur, répondit Joël. Notre kariol nous attend au bas du sentier. Seulement, il y aura trois cents pas à faire...

— Hum!... Trois cents pas!

— En descendant, ajouta la jeune fille.

— Oh! si c'est en descendant, cela ira tout seul, mes amis, et un bras me suffira...

— Et pourquoi pas deux, répondit Joël, puisque nous en avons quatre à votre service!

— Va pour deux, va pour quatre! Ça ne me coûtera pas plus cher, n'est-ce pas?

— Ça ne coûte rien.

— Si! au moins un remerciement par bras, et je m'aperçois que je ne vous ai point encore remerciés...

— De quoi, monsieur? répondit Joël.

— Mais tout simplement de ce que vous m'avez sauvé la vie, en risquant la vôtre!...

— Quand vous voudrez?... dit Hulda, qui se leva pour éviter les compliments.

— Comment donc!... Mais je veux!... D'abord, moi, je veux tout ce qu'on veut que je veuille! »

Là-dessus, le voyageur régla la petite dépense avec les paysans de la cabane. Puis, soutenu un peu par Hulda, beaucoup par Joël, il commença à descendre le sentier sinueux, qui conduit vers la rive du Maan où il rejoint la route de Dal.

Cela ne se fit pas sans quelques « aïe! aïe! » qui se terminaient invariablement par un bon éclat de rire. Enfin, on atteignit la scierie, et Joël s'occupa d'atteler la kariol.

Cinq minutes après, le voyageur était installé dans la caisse avec la jeune fille près de lui.

« Et vous? demanda-t-il à Joël. Il me semble bien que j'ai dû prendre votre place...

— Une place que je vous cède de bon cœur.

— Mais peut-être en se serrant...

— Non... Non!... J'ai mes jambes, monsieur, des jambes de guide! Ça vaut des roues...

— Et de fameuses, mon garçon, de fameuses! »

On partit en suivant la route qui se rapproche peu à peu du Maan. Joël s'était mis à la tête du cheval, et il le guidait par le bridon, de manière à éviter de trop forts cahots à la kariol.

Le retour se fit gaiement, — du moins de la part du voyageur. Il causait déjà comme un vieil ami de la famille Hansen. Avant d'arriver, le frère et la sœur lui disaient « monsieur Sylvius, » et monsieur Sylvius ne les appelait plus que Hulda et Joël, comme s'ils se fussent connus tous trois de longue date.

Vers quatre heures, le petit clocher de Dal montra sa fine pointe entre les arbres du hameau. Un instant après, le cheval s'arrêtait devant l'auberge. Le voyageur descendit de la kariol, non sans quelque peine. Dame Hansen était venue le recevoir à la porte, et, bien qu'il n'eût pas demandé la meilleure chambre de la maison, ce fut celle-là qu'on lui donna tout de même.

IX

Sylvius Hog, — tel fut le nom qui, ce soir là, fut inscrit sur le livre des voyageurs, et précisément à la suite du nom de Sandgoïst. Vif contraste, on en conviendra, entre les deux noms comme entre les deux hommes qui les portaient. Entre eux, il n'y avait aucun rapport ni au physique ni au moral. Générosité d'un côté, avidité de l'autre. L'un, c'était la bonté du cœur, l'autre, c'était la sécheresse de l'âme.

Sylvius Hog avait à peine soixante ans. Encore ne les paraissait-il pas. Grand, droit, bien constitué, sain d'esprit et sain de corps, il plaisait dès le premier abord avec sa belle et aimable figure, sans barbe, bien encadrée sous des cheveux grisonnants et un peu longs, avec ses yeux souriants comme ses lèvres, son front large où les plus nobles pensées pouvaient circuler sans peine, sa vaste poitrine dans laquelle le cœur pouvait battre à l'aise. A tous ces avantages, il joignait un inépuisable fonds de bonne humeur, une physionomie fine et déliée, une nature capable de toutes les générosités comme de tous les dévouements.

Sylvius Hog, de Christiania, — cela disait tout. Et non seulement il était connu, apprécié, aimé, honoré dans la capitale norvégienne, mais aussi dans tout le pays, — le pays norvégien, bien entendu. En effet, les sentiments que l'on professait à son égard n'étaient plus les mêmes dans l'autre moitié du royaume scandinave, c'est-à-dire, en Suède.

Cela veut être expliqué.

Sylvius Hog était professeur de législation à Christiania. En d'autres États, être avocat, ingénieur, médecin, négociant, c'est occuper les premiers rangs de l'échelle sociale. En Norvège il n'en va pas ainsi. Être professeur, c'est être au sommet.

10

Si, en Suède, il y a quatre classes, la noblesse, le clergé, la bourgeoisie, le paysan, il n'y en a que trois en Norvège ; la noblesse manque. On n'y compte aucun représentant de l'aristocratie, pas même celle des fonctionnaires. En ce pays privilégié où il n'existe pas de privilèges, les fonctionnaires sont les très humbles serviteurs du public. En somme, égalité sociale parfaite, nulle distinction politique.

Donc, Sylvius Hog étant un des hommes les plus considérables de son pays, on ne s'étonnera pas qu'il fût membre du Storthing. Dans cette grande assemblée, autant par sa valeur que par la probité de sa vie privée et publique, il exerçait une influence que subissaient même ces paysans-députés, élus en grand nombre par les campagnes.

Depuis la Constitution de 1814, c'est avec raison qu'on a pu dire : la Norvège est une république avec le roi de Suède pour président.

Il va de soi que cette Norvège, très jalouse de ses prérogatives, a su conserver son autonomie. Le Storthing n'a rien de commun avec le parlement suédois. Aussi comprendra-t-on que l'un de ses représentants les plus influents et les plus patriotes ne fût pas bien vu au delà de cette frontière idéale qui sépare la Suède de la Norvège.

Ainsi était Sylvius Hog. D'un caractère très indépendant, ne voulant rien être, il avait maintes fois refusé d'entrer au ministère. Défenseur de tous les droits de la Norvège, il s'était constamment et inébranlablement opposé aux empiétements de la Suède.

Et telle est la séparation morale et politique des deux pays, que le roi de Suède — alors Oscar XV — après s'être fait couronner à Stockholm, a dû se faire couronner à Drontheim, l'ancienne capitale de la Norvège. Telle est aussi la réserve quelque peu défiante des Norvégiens, en affaires, que la Banque de Christiania ne reçoit pas volontiers les billets de la Banque de Stockholm ! Telle est enfin la démarcation entre les deux peuples, que le pavillon suédois ne flotte ni sur les édifices, ni sur les navires norvégiens. A l'un, l'étamine bleue traversée d'une croix jaune, à l'autre, la croix bleue sur le fond d'étamine rouge.

Or, Sylvius Hog était de cœur et d'âme pour la Norvège. Il en défendait les intérêts en toute occasion. Aussi, vers 1854, lorsque le Storthing agita la question de ne plus avoir ni vice-roi à la tête du pays ni même de gouverneur, il fut l'un de ceux qui se jetèrent le plus vivement dans la discussion et firent triompher ce principe.

On conçoit donc que, s'il n'était pas très aimé dans l'est du royaume, il le fût dans l'ouest, et même au fond des gaards les plus reculés du pays. Son nom courait la montagneuse Norvège, depuis les parages de Christiansand jusqu'aux extrêmes roches du cap Nord. Digne de cette popularité de bon aloi, aucune calomnie n'avait jamais pu atteindre ni le député ni le professeur de Christiania. C'était, d'ailleurs, un vrai Norvégien, mais un Norvégien à sang vif, n'ayant rien du flegme traditionnel de ses compatriotes, plus résolu de pensées et d'actes que ne le comporte le tempérament scandinave. Cela se sentait à ses mouvements prompts, à l'ardeur de sa parole, à la vivacité de ses gestes. Né en France, on n'eût pas hésité à le dire « un homme du Midi », si l'on veut bien accepter cette comparaison, qui peut lui être appliquée avec quelque exactitude.

La situation de fortune de Sylvius Hog ne l'élevait pas au-dessus d'une assez belle aisance, bien qu'il n'eût point fait monnaie des affaires publiques. Ame désintéressée, il ne songeait jamais à lui, mais sans cesse aux autres. Aussi faisait-t-il fi des grandeurs. Être député lui suffisait. Il ne voulait rien de plus.

En ce moment, Sylvius Hog profitait d'un congé de trois mois pour se remettre de ses fatigues, après une laborieuse année de travaux législatifs. Il avait quitté Christiania depuis six semaines, avec l'intention de parcourir toute la contrée qui s'étend jusqu'à Drontheim, le Hardanger, le Telemark, les districts de Konsberg et de Drammen. Il voulait visiter ces provinces qu'il ne connaissait pas encore. Un voyage d'étude et d'agrément.

Sylvius Hog avait déjà traversé une partie de cette région, et c'était en revenant des bailliages du nord qu'il avait voulu voir la célèbre chute, une des merveilles du Telemark. Après avoir examiné, sur les lieux mêmes, le projet, alors à l'étude, du chemin de fer de Drontheim à Christiania, il avait fait demander un guide pour le conduire à Dal. et il comptait le trouver sur

Joël s'était mis à la tête du cheval. (Page 72.)

la rive gauche du Maan. Mais, sans l'attendre, attiré par ces admirables sites de la Maristien, il s'était aventuré sur la dangereuse passe. Rare imprudence! Elle avait failli lui coûter la vie. Et, il faut bien le dire, sans l'intervention de Joël et de Hulda Hansen, le voyage eût fini avec le voyageur dans les gouffres du Rjukanfos.

Il recevait les soins de Hulda et de Joël. (Page 79.)

X

On est fort instruit en ces pays scandinaves, non seulement chez les habitants des villes, mais aussi en pleine campagne. Cette instruction va même au delà de savoir lire, écrire, compter. Le paysan apprend avec plaisir. Son intelligence est ouverte. Il s'intéresse à la chose publique. Il prend une large part aux affaires politiques et communales. Dans le Storthing, les gens de cette condition sont toujours en majorité. Quelquefois, ils y siègent avec le costume de leur province. On les cite, et c'est justice, pour leur haute raison, leur bon sens pratique, leur compréhension juste, — si elle est un peu lente, — et surtout leur incorruptibilité.

Il ne faut donc pas s'étonner que le nom de Sylvius Hog fût connu dans toute la Norvège et prononcé avec respect jusque dans cette portion un peu sauvage du Telemark.

Aussi, dame Hansen, en recevant un hôte si universellement estimé, crut-elle convenable de lui dire combien elle était honorée de l'avoir pour quelques jours sous son toit.

« Je ne sais pas si cela vous fait honneur, dame Hansen, répondit Sylvius Hog, mais ce que je sais bien, c'est que cela me fait plaisir. Oh! il y a longtemps que j'avais entendu mes élèves parler de cette hospitalière auberge de Dal! C'est pourquoi, je comptais venir m'y reposer pendant une semaine. Pourtant, que saint Olaf m'abandonne, si je croyais jamais y arriver sur une patte! »

Et l'excellent homme serra cordialement la main à son hôtesse.

« Monsieur Sylvius, dit Hulda, voulez-vous que mon frère aille chercher un médecin à Bamble?

— Un médecin, ma petite Hulda! Mais vous voulez donc que je perde l'usage de mes deux jambes!

— Oh! monsieur Sylvius!

— Un médecin! Pourquoi pas mon ami le docteur Boek, de Christiania? Et tout cela pour une égratignure!...

— Mais une égratignure, si elle est mal soignée, répondit Joël, cela peut devenir grave!

— Ah! ça, Joël, me direz-vous pourquoi vous voulez que cela devienne grave?

— Je ne le veux pas, monsieur Sylvius, Dieu me garde!

— Eh bien! il vous gardera, et moi aussi, et toute la maison de dame Hansen, surtout si cette gentille Hulda veut bien consentir à me donner ses soins..

— Certainement, monsieur Sylvius!

— Parfait, mes amis! Encore quatre ou cinq jours, il n'y paraîtra plus! D'ailleurs, comment ne guérirait-on pas dans une si jolie chambre? Où pourrait-on mieux se faire traiter que dans l'excellente auberge de Dal? Et ce bon lit avec ses devises qui valent bien les horribles formules de la Faculté! Et cette joyeuse fenêtre qui s'ouvre sur la vallée du Maan! Et le murmure des eaux qui se glisse jusqu'au fond de mon alcôve! Et la senteur des vieux arbres dont toute la maison est embaumée! Et le bon air, l'air de la montagne! Eh! ne voilà-t-il pas le meilleur des médecins! Quand on a besoin de lui, on n'a qu'à ouvrir la fenêtre, il arrive, il vous ragaillardit, et il ne vous met pas à la diète! »

Il disait si gaiement toutes ces choses, Sylvius Hog, qu'avec lui, semblait-il, un peu de bonheur venait d'entrer dans la maison. Du moins, ce fut l'impression du frère et de la sœur, qui se tenaient la main en l'écoutant, s'abandonnant tous deux à la même émotion.

C'était dans la chambre du rez-de-chaussée qu'avait été tout d'abord conduit le professeur. Maintenant, à demi-couché dans un grand fauteuil, sa jambe étendue sur un escabeau, il recevait les soins de Hulda et de Joël. Un pansement à l'eau fraîche, il ne voulut que ce remède. Et, en réalité, en fallait-il un autre?

« Bien, mes amis, bien! disait-il. Il ne faut pas abuser des drogues! Et maintenant, savez-vous bien que sans votre obligeance, j'aurais vu d'un peu trop près les merveilles du Rjukanfos! Je roulais dans l'abîme comme un simple roc! J'ajoutais une nouvelle légende à la légende de Maristien, et, moi, je n'avais pas d'excuse! Ma fiancée ne m'attendait pas sur l'autre bord, comme le malheureux Eystein! »

— Et quel chagrin c'eût été pour madame Hog! dit Hulda. Elle ne se serait jamais consolée...

— Madame Hog?... répliqua le professeur. Eh bien, madame Hog n'aurait pas versé une larme!

— Oh! monsieur Sylvius!...

— Non, vous dis-je, par cette raison qu'il n'y a pas de madame Hog! Et je ne puis pas même me figurer ce qu'eût été une madame Hog : grasse ou maigre, petite ou grande...

— Elle eût été aimable, intelligente et bonne, étant votre femme, répondit Hulda.

— Ah ! vraiment, mademoiselle ! Bon ! Bon ! Je vous crois ! Je vous crois !

— Mais, en apprenant un pareil malheur, vos parents, vos amis, monsieur Sylvius ?... dit Joël.

— Des parents, je n'en ai guère, mon garçon ! Des amis, il paraît que j'en ai un certain nombre, sans compter ceux que je viens de me faire dans la maison de dame Hansen, et vous leur avez évité la peine de me pleurer ! — A propos, dites-moi, mes enfants, vous pourrez bien me garder quelques jours ici ?

— Tant qu'il vous plaira, monsieur Sylvius, répondit Hulda. Cette chambre vous appartient.

— D'ailleurs, j'avais l'intention de m'arrêter à Dal, comme font les touristes, de manière à pouvoir rayonner de là sur le Telemark... Je ne rayonnerai pas, ou je rayonnerai plus tard, voilà tout !

— Avant la fin de la semaine, monsieur Sylvius, répondit Joël, j'espère que vous serez sur pied.

— Et moi aussi, je l'espère

— Et alors je m'offre à vous conduire partout où il vous plaira d'aller dans le bailliage.

— Nous verrons cela, Joël ! Nous en reparlerons, quand je ne serai plus à l'état d'écorché ! J'ai encore un mois de congé devant moi, et quand je devrais le passer tout entier dans l'auberge de dame Hansen, je ne serais pas trop à plaindre ! Ne faudra-t-il pas que je visite la vallée du Vestfjorddal entre les deux lacs, que je fasse l'ascension du Gousta, que je retourne au Rjukanfos, car enfin, si j'ai failli y faire un plongeon, je ne l'ai guère vu... et je tiens à le voir !

— Vous y retournerez, monsieur Sylvius, répondit Hulda.

— Et nous y retournerons ensemble avec cette bonne madame Hansen, si

elle veut bien nous accompagner. — Eh! j'y pense, mes amis, il faudra que
je prévienne, par un petit mot, Kate, ma vieille bonne, et Fink, mon vieux
domestique de Christiania! Ils seraient très inquiets si je ne leur donnais pas
de mes nouvelles, et je serais grondé!... Et maintenant, je vais vous faire un
aveu! Les fraises, le laitage, c'est très agréable, très rafraîchissant ; mais cela
ne suffit pas, puisque je ne veux pas entendre parler d'être mis à la diète!...
Est-ce bientôt l'heure de votre dîner?...

— Oh! peu importe, monsieur Sylvius!...

— Il importe beaucoup, au contraire! Croyez-vous donc que, pendant mon
séjour à Dal, je vais m'ennuyer tout seul à ma table et dans ma chambre?
Non! je veux manger avec vous et votre mère, si dame Hansen n'y voit pas
d'inconvénient! »

Naturellement, dame Hansen, quand on lui fit connaître le désir du professeur, et bien qu'elle eût peut-être préféré se tenir à part, suivant son habitude,
ne put que s'incliner. Ce serait un honneur pour elle et les siens d'avoir à sa
table un député du Storthing.

« Ainsi, c'est convenu, reprit Sylvius Hog, nous mangerons ensemble dans
la grande salle...

— Oui, monsieur Sylvius, répondit Joël. Je n'aurai qu'à vous y pousser sur
votre fauteuil, quand le dîner sera prêt...

— Bon! Bon! monsieur Joël! Pourquoi pas en kariol? Non! Avec l'aide
d'un bras, j'arriverai. Je ne suis pas amputé, que je sache!

— Comme vous voudrez, monsieur Sylvius! répondit Hulda. Mais ne faites
pas inutilement d'imprudences, je vous prie... ou Joël aura vite fait d'aller
chercher le médecin!

— Des menaces! Eh bien, oui, je serai prudent et docile! Et du moment
qu'on ne me met pas à la diète, je vais être le plus obéissant des malades! —
Ah ça! est-ce que vous n'avez pas faim, mes amis?

— Nous ne demandons qu'un quart d'heure, répondit Hulda, pour vous
servir une soupe aux groseilles, une truite du Maan, une grouse que Joël a
rapportée hier du Hardanger, et une bonne bouteille de vin de France.

— Merci, ma brave fille, merci! »

Hulda sortit afin de surveiller le dîner et de préparer la table dans la grande salle, pendant que Joël allait reconduire la kariol chez le contre maître Lengling.

Sylvius Hog resta seul. A quoi eût-il pu songer, si ce n'est à cette honnête famille, dont maintenant il était à la fois l'hôte et l'obligé. Que pourrait-il faire pour reconnaître les services, les soins de Hulda et de Joël? Mais il n'eut pas le temps de s'abandonner à de longues réflexions, car, dix minutes après, il était assis à la place d'honneur de la grande table. Le dîner était excellent. Il justifiait le renom de l'auberge, et le professeur mangea de grand appétit.

Ensuite la soirée se passa en causeries auxquelles Sylvius Hog prit la plus grande part. A défaut de dame Hansen qui ne s'y mêla guère, il fit parler le frère et la sœur. La vive sympathie qu'il éprouvait déjà pour eux ne put que s'accroître. Une si touchante amitié les unissait l'un à l'autre que le professeur en fut plusieurs fois ému.

La nuit venue, il regagna sa chambre avec l'aide de Joël et de Hulda, reçut et donna un aimable bonsoir à ses amis, et, à peine couché dans le grand lit à devises, il dormit tout d'un somme.

Le lendemain, Sylvius Hog, réveillé dès l'aube, se reprit à réfléchir avant qu'on eût frappé à sa porte.

« Non, se disait-il, je ne sais vraiment pas comment je m'en tirerai! On ne peut pourtant pas se faire sauver, soigner, guérir, et en être quitte pour un simple remerciement! Je suis l'obligé de Hulda et de Joël, ce n'est pas contestable! Mais voilà! Ce ne sont pas de ces services qu'on puisse payer en argent! Fi donc!... D'autre part, cette famille de braves gens me paraît heureuse, et je ne pourrais rien ajouter à son bonheur! Enfin nous causerons, et, tout en causant, peut-être... »

Aussi, pendant les trois ou quatre jours que le professeur dut encore garder sa jambe étendue sur l'escabeau, ils causèrent tous trois. Par malheur, ce fut avec une certaine réserve de la part du frère et de la sœur. Ni l'un ni l'autre ne voulurent rien dire de leur mère, dont Sylvius Hog avait bien observé l'attitude froide et soucieuse. Puis, par un autre sentiment de discrétion, ils hésitaient à faire connaître les inquiétudes que leur causait le retard de Ole Kamp. Ne risquaient-ils pas d'altérer la bonne humeur de leur hôte en lui contant leurs peines ?

« Cependant, disait Joël à sa sœur, peut-être avons-nous tort de ne pas nous confier à monsieur Sylvius ? C'est un homme de bon conseil, et, par ses relations, il pourrait peut-être savoir si l'on se préoccupe à la Marine de ce qu'es devenu le *Viken*.

— Tu as raison, Joël, répondait Hulda. Je pense que nous ferons bien de tout lui dire. Mais attendons qu'il soit bien guéri !

— Oui, et cela ne peut tarder ! » reprenait Joël.

La semaine finie, Sylvius Hog n'avait plus besoin d'aide pour quitter sa chambre, bien qu'il boitât encore un peu. Il venait alors s'asseoir sur un des bancs, devant la maison, à l'ombre des arbres. De là, il pouvait apercevoir la cime du Gousta, qui resplendissait sous les rayons du soleil, pendant que le Maan, charriant des troncs en dérive, grondait à ses pieds.

On voyait aussi passer du monde sur la route de Dal au Rjukanfos. Le plus souvent, c'étaient des touristes, dont quelques-uns s'arrêtaient une heure ou deux à l'auberge de dame Hansen pour déjeuner ou dîner. Il venait aussi des étudiants de Christiania, le sac au dos, la petite cocarde norvégienne à la casquette.

Ceux-là reconnaissaient le professeur. De là, des bonjours interminables, des saluts cordiaux, qui prouvaient combien Sylvius Hog était aimé de toute cette jeunesse.

« Vous ici, monsieur Sylvius ?

— Moi, mes amis !

— Vous que l'on croit au fond du Hardanger !

— On a tort ! C'est au fond du Rjukanfos que je devrais être !

— Eh ! bien, nous dirons partout que vous êtes à Dal !

— Oui, à Dal, avec une jambe... en écharpe !

— Heureusement, vous avez trouvé bon gîte et bons soins dans l'auberge de dame Hansen !

— Imaginez-en une meilleure !

— Il n'y en a guère !

— Et de plus braves gens ?

— Il n'y en a pas ! » répétaient gaiement les touristes.

Et, tous buvaient à la santé de Hulda et de Joël si connus dans tout le Telemark

Et alors le professeur narrait son aventure. Il confessait son imprudence. Il racontait comment il avait été sauvé. Il disait quelle reconnaissance était due à ses sauveurs.

« Et si je reste ici jusqu'à ce que j'aie payé ma dette, ajoutait-il, mon cours de législation est fermé pour longtemps, mes amis, et vous pouvez prendre un congé sans limite !

— Bon, monsieur Sylvius ! reprenait toute cette joyeuse bande. C'est la jolie Hulda qui vous retient à Dal !

— Une aimable fille, mes amis, charmante aussi, et je n'ai que soixante ans, par saint Olaf !

— A la santé de monsieur Sylvius !

— Et à la vôtre, jeunes gens ! Courez le pays, instruisez-vous, amusez-vous ! Il fait toujours beau quand on a votre âge ! Mais défiez-vous des passes de la Maristien ! Joël et Hulda ne seraient peut-être plus là pour sauver les imprudents qui s'y hasarderaient. »

Puis, tous partaient en faisant bruyamment retentir la vallée de leur joyeux God aften.

Cependant, une ou deux fois, Joël dut s'absenter pour servir de guide à quelques touristes qui voulaient faire l'ascension du Gousta. Sylvius Hog eût bien voulu les accompagner. Il prétendait être guéri. En effet, l'écorchure de sa jambe commençait à se cicatriser. Mais Hulda lui défendit positivement de s'exposer à une fatigue encore trop forte pour lui, et, lorsque Hulda ordonnait, il fallait obéir.

Une curieuse montagne, cependant, ce Gousta, dont le cône central, vallonné de ravins pleins de neige, émerge d'une forêt de sapins comme d'une collerette verdoyante qui s'épanouit à sa base. Et quel rayon de vue à son sommet ! Dans l'est, le bailliage du Numedal ; dans l'ouest, tout le Hardanger et ses glaciers grandioses ; puis, au pied de la montagne, la sinueuse vallée du Vestjorddal entre les lacs Mjös et Tinn, Dal et ses maisons en miniature, véritable boîte de jeux d'enfants, et le cours du Maan, lacet lumineux qui miroite à travers la verdure des plaines.

Pour faire cette ascension, Joël partait dès cinq heures du matin, et il était rentré à six heures du soir. Sylvius Hog et Hulda allaient au-devant de lui. Ils l'attendaient près de la hutte du passeur. Dès que le bac avait débarqué les touristes et leur guide, on échangeait de cordiales poignées de mains, et c'était une bonne soirée de plus que tous trois passaient ensemble. Le professeur traînait bien encore un peu la jambe, mais il ne se plaignait pas. Vraiment, on eût dit qu'il n'était pas pressé de guérir, autant dire, de quitter l'hospitalière maison de dame Hansen.

D'ailleurs, le temps s'écoulait assez vite. Sylvius Hog avait écrit à Christiania qu'il resterait quelque temps à Dal. Le bruit de son aventure au Rjukanfos s'était répandu dans tout le pays. Les feuilles l'avaient racontée, — quelques-unes en la dramatisant à leur manière. De là, quantité de lettres qui arrivaient à l'auberge, sans compter les brochures et les journaux. Il fallait lire tout cela. Il fallait répondre. Sylvius Hog lisait, il répondait, et les noms de Joël et d'Hulda, mêlés à cette correspondance, couraient déjà à travers la Norvège.

Cependant, ce séjour chez dame Hansen ne pouvait se prolonger indéfiniment, et Sylvius Hog n'était pas plus fixé qu'à son arrivée sur la façon dont il lui serait possible d'acquitter sa dette. Toutefois, il commençait à pressentir que cette famille n'était pas aussi heureuse qu'il l'avait pu croire. L'impatience avec laquelle le frère et la sœur attendaient chaque jour le courrier de Christiania ou de Bergen, leur désappointement, leur chagrin même, en voyant qu'il n'y avait jamais de lettres, tout cela n'était que trop significatif.

C'est qu'on était déjà au 9 juin. Et aucune nouvelle du *Viken* ! Un retard de plus de deux semaines sur la date fixée pour son retour ! Pas une seule lettre de Ole ! Rien qui pût adoucir les tourments de Hulda ! La pauvre fille se désespérait, et, Sylvius Hog lui trouvait les yeux bien rouges, lorsqu'elle venait à lui le matin.

« Qu'y a-t-il? se disait-il alors. Un malheur qu'on craint et qu'on me cache! Est-ce un secret de famille dans lequel un étranger ne peut intervenir? Mais suis-je donc encore un étranger pour eux? Non! Ils devraient bien le penser! Enfin, quand j'annoncerai mon départ, peut-être comprendra-t-on que c'est un véritable ami qui va partir! »

Et, ce jour-là, il dit :

« Mes amis, le moment approche où, à mon grand regret, je vais être obligé de vous quitter!

— Déjà, monsieur Sylvius, déjà! s'écria Joël avec une vivacité dont il ne fut pas maître.

— Eh! le temps passe vite auprès de vous! Voilà dix-sept jours que je suis à Dal!

— Quoi!... dix-sept jours! dit Hulda.

— Oui, chère enfant, et la fin de mon congé approche. Je n'ai pas une semaine à perdre si je veux achever ce voyage par Drammen et Konsberg. Et cependant, si c'est bien à vous que le Storthing doit de ne point avoir à me remplacer sur mon siège de député, le Storthing, pas plus que moi, ne saurait comment reconnaître...

— Oh! monsieur Sylvius!... répondit Hulda, qui, de sa petite main, semblait vouloir lui fermer la bouche.

— C'est convenu, Hulda! Il m'est défendu de parler de cela, — ici du moins...

— Ni ici, ni ailleurs! dit la jeune fille.

— Soit! Je ne suis pas mon maître et je dois obéir! Mais Joël et vous, ne viendrez-vous pas me voir à Christiania?

— Vous voir, monsieur Sylvius?...

— Oui! me voir... passer quelques jours dans ma maison... avec dame Hansen, s'entend!

— Et si nous quittons l'auberge, qui la gardera pendant notre absence? répondit Joël.

— Mais l'auberge n'a pas besoin de vous, j'imagine, lorsque la saison des excursions est terminée. Aussi, je compte bien venir vous chercher à la fin de l'automne...

« — Monsieur Sylvius, dit Hulda, ce sera bien difficile...

— Ce sera très facile, au contraire, mes amis. Ne me répondez pas : non !
Je n'accepterais pas cette réponse ! Et alors, quand je vous tiendrai là-bas, dans
la plus belle chambre de ma maison, entre ma vieille Kate et mon vieux Fink,
vous y serez comme mes enfants, et il faudra bien que vous me disiez ce que
je puis faire pour vous !

— Ce que vous pouvez faire, monsieur Sylvius ? répondit Joël en regardant
sa sœur.

— Frère !... dit Hulda, qui avait compris la pensée de Joël.

— Parlez, mon garçon, parlez !

— Eh bien, monsieur Sylvius, vous pourriez nous faire un très grand
honneur !

— Lequel ?

— Ce serait, si cela ne vous dérangeait pas trop, d'assister au mariage de
ma sœur Hulda...

— Son mariage ! s'écria Sylvius Hog ! Comment ! ma petite Hulda se
marie?... Et on ne m'en avait rien dit encore !...

— Oh ! monsieur Sylvius !... répondit la jeune fille, dont les yeux se remplirent
de larmes.

— Et quand doit se faire ce mariage?...

— Quand il aura plu à Dieu de nous ramener Ole, son fiancé ! » répondit
Joël.

Ils l'attendaient près de la hutte du passeur. (Page 85.)

XI

Alors Joël raconta toute l'histoire de Ole Kamp. Sylvius Hog, très ému par ce récit, l'écoutait avec une profonde attention. Il savait tout maintenant. Il venait de lire la dernière lettre qui annonçait le retour de Ole, et Ole ne revenait pas ! Quelles inquiétudes, quelles angoisses pour toute la famille Hansen !

« Et moi qui me croyais chez des gens heureux ! » pensait-il.

Le professeur écrivait... (Page 94.)

Cependant, en y réfléchissant bien, il lui parut que le frère et la sœur se désespéraient, alors que l'on pouvait encore conserver quelque espoir. A force de compter ces jours de mai et de juin, leur imagination en exagérait le chiffre, comme si elle les eût comptés deux fois.

Le professeur voulut donc leur donner ses raisons, — non des raisons de commande, — mais très sérieuses, très plausibles, et discuter la valeur de ce retard du *Viken*.

12

Pourtant, sa physionomie était devenue grave. Le chagrin de Joël et de Hulda l'avait profondément impressionné.

« Écoutez-moi, mes enfants, leur dit-il. Asseyez-vous à mes côtés et causons.

— Eh ! que pourrez-vous nous dire, monsieur Sylvius ? répondit Hulda, dont la douleur débordait.

— Je vous dirai ce qui me paraît juste, reprit le professeur, et le voici : je viens de réfléchir à tout ce que m'a raconté Joël. Eh bien, il me semble que votre inquiétude dépasse la mesure. Je ne voudrais pas vous donner des assurances illusoires, mais il importe que les choses soient remises à leur véritable point.

— Hélas ! monsieur Sylvius, répondit Hulda, mon pauvre Ole s'est perdu avec le *Viken* !... Je ne le reverrai plus !

— Ma sœur !... Ma sœur !... s'écria Joël. Je t'en prie, calme-toi, laisse parler monsieur Sylvius...

— Et gardons notre sang-froid, mes enfants ! Voyons ! C'était du 15 au 20 mai que Ole devait revenir à Bergen ?

— Oui, dit Joël, du 15 au 20 mai, comme le marque sa lettre, et nous sommes au 9 juin...

— Cela fait donc un retard de vingt jours sur la date extrême indiquée pour le retour du *Viken*. C'est quelque chose, j'en conviens ! Cependant, il ne faut pas demander à un navire à voiles ce que l'on pourrait attendre d'un navire à vapeur.

— C'est ce que j'ai toujours répété à Hulda, c'est ce que je lui répète encore, dit Joël.

— Et vous faites bien, mon garçon, reprit Sylvius Hog. En outre, il est possible que le *Viken* soit un vieux bâtiment, marchant mal comme la plupart des navires de Terre-Neuve, surtout quand ils sont lourdement chargés. D'autre part, il y a eu de grands mauvais temps depuis quelques semaines. Peut-être Ole n'a-t-il pu prendre la mer à l'époque que sa lettre indique. Dans ce cas, il suffit qu'il ait tardé de huit jours pour que le *Viken* ne soit pas encore arrivé et que vous n'ayez pu recevoir une nouvelle lettre de lui. Tout ce que je vous dis là, croyez-le, est le résultat de sérieuses réflexions. De plus, savez-vous si les instructions données au *Viken* ne lui laissaient pas une certaine latitude pour porter sa cargaison en quelque autre port, suivant les demandes du marché?

— Ole l'aurait écrit! répondit Hulda, qui ne pouvait se rattacher même à cet espoir.

— Qui prouve qu'il n'a pas écrit? reprit le professeur. Et, s'il l'a fait, ce ne serait plus le *Viken* qui aurait du retard, ce serait le courrier d'Amérique. Supposez que le navire de Ole ait dû aller en quelque port des États-Unis, cela expliquerait comment aucune de ses lettres n'est encore arrivée en Europe!

— Aux États-Unis... monsieur Sylvius?

— Cela se voit quelquefois, et il suffit de manquer un courrier pour laisser ses amis longtemps sans nouvelles... En tout cas, il y a une chose très simple à faire, c'est de demander des renseignements aux armateurs de Bergen. — Les connaissez-vous?

— Oui, répondit Joël, messieurs Help frères.

— Help frères, Fils de l'Aîné? s'écria Sylvius Hog.

— Oui!

— Mais moi aussi je les connais! Le plus jeune, Help junior, comme on dit, bien qu'il ait mon âge, est un de mes bons amis. Nous avons souvent dîné ensemble à Christiania! Help frères, mes enfants! Ah! je saurai par eux tout ce qui concerne le *Viken*. Je vais leur écrire aujourd'hui même, et, s'il le faut, j'irai les voir.

— Que vous êtes bon, monsieur Sylvius! répondirent à la fois Hulda et Joël.

— Ah! pas de remerciements, s'il vous plaît! Je vous le défends bien! Est-ce que je vous ai remerciés, moi, pour ce que vous avez fait là-bas?... Comment, je trouve l'occasion de vous rendre un petit service, et vous voilà tout en l'air!

— Mais vous parliez de partir pour retourner à Christiania, fit observer Joël.

— Eh bien, je partirai pour Bergen, s'il est indispensable que j'aille à Bergen!

— Mais vous alliez nous quitter, monsieur Sylvius, dit Hulda.

— Eh bien, je ne vous quitterai pas, ma chère fille! Je suis libre de mes actions, je suppose, et, tant que je n'aurai pas tiré cette situation au clair, à moins qu'on ne me mette à la porte...

— Que dites-vous là?

— Et tenez, j'ai bonne envie de rester à Dal jusqu'au retour de Ole! Je voudrais le connaître, ce fiancé de ma petite Hulda! Ce doit être un brave garçon, — dans le genre de Joël!

— Oui! tout comme lui!... répondit Hulda.

— J'en étais sûr! s'écria le professeur, dont la belle humeur avait repris le dessus, à dessein, sans doute.

— Ole ressemble à Ole, monsieur Sylvius, dit Joël, et cela suffit pour qu'il soit un excellent cœur.

— C'est possible, mon brave Joël, et cela me donne encore plus le désir de le voir. Oh! cela ne tardera pas! Quelque chose me dit que le *Viken* va bientôt arriver!

— Dieu vous entende!

— Et pourquoi ne m'entendrait-il pas? Il a l'oreille fine! Oui! je veux assister à la noce de Hulda, puisque j'y suis invité. Le Storthing en sera quitte pour prolonger mon congé de quelques semaines. Il l'aurait prolongé bien davantage, si vous m'aviez laissé tomber dans le Rjukanfos, comme je le méritais!

— Monsieur Sylvius, dit Joël, que c'est bon de vous entendre parler ainsi, et quel bien vous nous faites!

— Pas aussi grand que je le voudrais, mes amis, puisque je vous dois tout, et que je ne sais...

— Non!... n'insistez plus sur cette aventure!

— Au contraire, j'insisterai! Ah çà! est-ce que c'est moi qui me suis tiré des griffes de la Maristien? Est-ce moi qui ai risqué ma vie pour me sauver? Est-ce moi qui me suis rapporté jusqu'à l'auberge de Dal? Est-ce moi qui me suis soigné et guéri sans le secours de la Faculté? Ah! mais je suis entêté comme un cheval de kariol, je vous en préviens! Or, je me suis mis dans la tête d'assister au mariage de Hulda et de Ole Kamp, et, par saint Olaf! j'y assisterai! »

La confiance est communicative. Comment résister à celle que montrait Sylvius Hog? Il le vit bien, quand un demi-sourire éclaira le visage de la pauvre Hulda. Elle ne demandait qu'à le croire... Elle ne demandait qu'à espérer.

Sylvius Hog continua de plus belle :

« Donc, il faut songer que le temps va vite. Allons, commençons les préparatifs du mariage !

— Ils sont commencés, monsieur Sylvius, répondit Hulda, et, déjà, depuis trois semaines !

— Parfait! Gardons-nous de les interrompre !

— Les interrompre? répondit Joël. Mais tout est prêt !

— Quoi! la jupe de mariée, le corset aux agrafes de filigrane, la ceinture et ses pendeloques?

— Même ses pendeloques !

— Et la couronne rayonnante qui vous coiffera comme une sainte, petite Hulda?

— Oui, monsieur Sylvius.

— Et les invitations sont faites?

— Toutes faites, répondit Joël; même celle à laquelle nous tenons le plus, la vôtre !

— Et la demoiselle d'honneur a été choisie parmi les plus sages filles du Telemark?

— Et les plus belles, monsieur Sylvius, répondit Joël, puisque c'est mademoiselle Siegfrid Helmboë, de Bamble !

— De quel ton il dit cela, le brave garçon! fit observer le professeur, et comme il rougit en le disant! Eh ! Eh ! Est-ce que par hasard mademoiselle Siegfrid Helmboë, de Bamble, serait destinée à devenir madame Joël Hansen, de Dal?

— Oui, monsieur Sylvius, répondit Hulda, Siegfrid, qui est ma meilleure amie !

— Bon ! Encore une noce ! s'écria Sylvius Hog. Et je suis sûr qu'on m'y
invitera, et je ne pourrai faire moins que d'y assister ! Décidément, il faudra
que je donne ma démission de député au Storthing, car je n'aurai plus le
temps d'y siéger ! Allons, je serai votre témoin, mon brave Joël, après avoir
d'abord été celui de votre sœur, si vous le permettez. Décidément, vous faites
de moi tout ce que vous voulez, ou plutôt tout ce que je veux ! Embrassez-
moi, petite Hulda ! Une poignée de main, mon garçon ! Et maintenant, allons
écrire à mon ami Help junior, de Bergen ! »

Le frère et la sœur quittèrent la chambre du rez-de-chaussée, que le professeur parlait déjà de prendre à bail, et ils revinrent à leurs occupations avec
un peu plus d'espoir.

Sylvius Hog était resté seul.

« La pauvre fille ! la pauvre fille ! murmurait-il. Oui ! j'ai un instant trompé
sa douleur !... Je lui ai rendu quelque calme !... Mais c'est un bien long retard
et dans des mers très mauvaises à cette époque !... Si le *Viken* avait péri !... Si
Ole ne devait plus revenir ! »

Un instant après, le professeur écrivait aux armateurs de Bergen. Ce que
demandait sa lettre, c'étaient les détails les plus précis sur tout ce qui concernait le *Viken* et sa campagne de pêche. Il voulait savoir si quelque circonstance, prévue ou non, n'avait pu l'obliger à changer son port de destination. Il lui importait de savoir au plus tôt comment les négociants et les
marins de Bergen expliquaient ce retard. Enfin il priait son ami Help junior
de prendre les informations les plus précises et de l'aviser par le retour
du courrier.

Cette lettre si pressante disait aussi pourquoi Sylvius Hog s'intéressait au
jeune maître du *Viken*, de quel service il était redevable à sa fiancée,
et quelle joie ce serait pour lui de pouvoir donner quelque espérance aux
enfants de dame Hansen.

Dès que cette lettre fut écrite, Joël la porta à la poste de Mœl. Elle devait
partir le lendemain. Le 11 juin, elle serait à Bergen. Donc, le 12, dans la
soirée, ou le 13 dans la matinée au plus tard, M. Help junior pouvait avoir
répondu.

Près de trois jours à attendre cette réponse ! Comme ils parurent longs ! Cependant, à force de paroles rassurantes, d'encourageantes raisons, le professeur parvint à rendre moins pénible cette attente. Maintenant qu'il connaissait le secret de Hulda, n'avait-il pas un sujet de conversation tout indiqué, et quelle consolation c'était pour Joël et sa sœur de pouvoir sans cesse parler de l'absent !

« A présent, ne suis-je pas de votre famille ? répétait Sylvius Hog. Oui !.. quelque chose comme un oncle qui vous serait arrivé d'Amérique, — ou d'ailleurs ? »

Et, puisqu'il était de la famille, on ne devait plus avoir de secrets pour lui.

Or, il n'était pas sans avoir remarqué l'attitude des deux enfants vis-à-vis de leur mère. La réserve dans laquelle dame Hansen affectait de se tenir devait avoir, selon lui, un autre motif que l'inquiétude où l'on était sur le compte de Ole Kamp. Il crut donc pouvoir en parler à Joël. Celui-ci ne sut que lui répondre. Il voulut alors pressentir dame Hansen à ce sujet ; mais elle se montra si fermée qu'il dut renoncer à connaître ses secrets. L'avenir les lui apprendrait sans doute.

Ainsi que l'avait prévu Sylvius Hog, la réponse de Help junior arriva à Dal dans la matinée du 13. Joël était allé, dès l'aube, au-devant du courrier. Ce fut lui qui apporta la lettre dans la grande salle où le professeur se trouvait avec dame Hansen et sa fille.

Il y eut d'abord un moment de silence. Hulda, toute pâle, n'aurait pu parler, tant l'émotion lui faisait battre le cœur. Elle avait pris la main de son frère, aussi ému qu'elle.

Sylvius Hog ouvrit la lettre et la lut à haute voix.

A son grand regret, cette réponse de Help junior ne contenait que de vagues indications, et le professeur ne put cacher son désappointement aux jeunes gens qui l'écoutaient, les larmes aux yeux.

Le *Viken* avait effectivement quitté Saint-Pierre-Miquelon à la date indiquée dans la dernière lettre de Ole Kamp. On l'avait appris de la façon la plus formelle par d'autres bâtiments qui étaient arrivés à Bergen depuis son départ de Terre-Neuve. Ces navires ne l'avaient point rencontré sur leur route. Mais eux aussi avaient éprouvé de gros mauvais temps dans les parages de l'Islande.

Quel accueil... (Page 99.)

Cependant, ils avaient pu s'en tirer. Dès lors, pourquoi le *Viken* n'en aurait-il pas fait autant ? Peut-être était-il en relâche quelque part. C'était d'ailleurs un excellent bateau, très solide, bien commandé par le capitaine Frikel, de Hammerfest, et monté par un vigoureux équipage qui avait fait ses preuves. Toutefois, ce retard ne laissait pas d'être inquiétant, et, s'il se prolongeait, il serait à craindre que le *Viken* se fût perdu corps et biens.

Help junior regrettait de ne pas avoir de meilleures nouvelles à donner

« Reçois-le avec ma dernière pensée .. » (Page 102.)

du jeune parent des Hansen. En ce qui concernait Ole Kamp, il en parlait comme d'un excellent sujet, digne de toutes les sympathies qu'il inspirait à son ami Sylvius.

Help junior finissait en assurant le professeur de son affection, en y joignant les amitiés de sa famille. Enfin, il promettait de lui faire parvenir, sans délai, toute nouvelle qui pourrait arriver du *Viken* en n'importe quel port de Norvège, et se disait son tout dévoué, Help frères.

13

La pauvre Hulda, défaillante, était tombée sur une chaise, pendant que Sylvius Hog lisait cette lettre ; elle sanglotait, quand il en eut achevé la lecture. Joël, les bras croisés, avait écouté sans mot dire, sans même oser regarder sa sœur.

Dame Hansen, après que Sylvius Hog eut cessé de lire, s'était retirée dans sa chambre. Il semblait qu'elle se fût attendue à ce malheur comme elle s'attendait à bien d'autres !

Le professeur fit alors signe à Hulda et à son frère de se rapprocher de lui. Il voulait encore leur parler de Ole Kamp, leur dire tout ce que son imagination lui suggérait de plus ou moins plausible, et il s'exprima avec une assurance au moins singulière après la lettre de Help junior. Non ! — il en avait le pressentiment ! — non, rien n'était désespéré. N'y avait-il pas maint exemple de plus longs retards éprouvés au cours d'une navigation dans ces mers qui s'étendent de la Norvège à Terre-Neuve ? Oui, sans aucun doute ! Le *Viken* n'était-il pas un solide navire, bien commandé, avec un bon équipage, et, par conséquent, dans des conditions meilleures que les autres bâtiments qui étaient revenus au port ? Incontestablement.

« Espérons donc, mes chers enfants, ajouta-t-il, et attendons ! Si le *Viken* eût fait naufrage entre l'Islande et Terre-Neuve, les nombreux navires qui suivent constamment cette route pour revenir en Europe n'en auraient-ils pas retrouvé quelque épave ? Eh bien, non ! Pas un seul débris n'a été rencontré dans ces parages si fréquentés au retour de la grande pêche ! Néanmoins, il faut agir, il faut obtenir des renseignements plus certains. Si, pendant cette semaine, nous sommes encore sans nouvelles du *Viken* ou sans lettre de Ole, je retournerai à Christiania, je m'adresserai à la Marine, qui fera des recherches et, j'en ai la conviction, elles aboutiront pour notre satisfaction à tous ! »

Quelque confiance que montrât le professeur, Joël et Hulda sentaient bien qu'il ne parlait plus maintenant comme il le faisait avant d'avoir reçu la lettre de Bergen — lettre dont les termes ne devaient leur laisser que bien peu d'espoir. Sylvius Hog n'osait plus à présent faire allusion au mariage prochain de Hulda et de Ole Kamp. Et, pourtant, il répéta avec une force qui imposait :

« Non! Ce n'est pas possible! Ole ne plus reparaître dans la maison de dame Hansen! Ole ne pas épouser Hulda! Jamais je ne croirai possible un tel malheur! »

Cette conviction lui était personnelle. Il la puisait dans l'énergie de son caractère, dans sa nature que rien ne pouvait abattre. Mais comment la faire partager à d'autres, et surtout à ceux que le sort du *Viken* touchait si directement?

Cependant quelques jours se passèrent encore. Sylvius Hog, complètement guéri, faisait de grandes promenades aux environs. Il obligeait Hulda et son frère à l'accompagner, afin de ne pas les laisser seuls à eux-mêmes. Un jour, tous trois remontaient la vallée du Vestfjorddal jusqu'à mi-chemin des chutes du Rjukan. Le lendemain, ils la descendaient en se dirigeant vers Mœl et le lac Tinn. Une fois même, ils furent absents vingt-quatre heures. C'est qu'ils avaient prolongé leur excursion jusqu'à Bamble, où le professeur fit la connaissance du fermier Helmboë et de sa fille Siegfrid. Quel accueil celle-ci fit à sa pauvre Hulda, et quels accents de tendresse elle trouva pour la consoler!

Là, encore, Sylvius Hog rendit un peu d'espoir à ces braves gens. Il avait écrit à la Marine de Christiania. Le gouvernement s'occupait du *Viken*. On le retrouverait. Ole reviendrait. Il pouvait même revenir d'un jour à l'autre. Non! le mariage n'aurait pas six semaines de retard! L'excellent homme paraissait si convaincu que l'on se rendait peut-être plus à sa conviction qu'à ses arguments.

Cette visite à la famille Helmboë fit du bien aux enfants de dame Hansen. Et, quand ils rentrèrent à la maison, ils étaient plus calmes que lorsqu'ils l'avaient quittée.

On était alors au 15 juin. Le *Viken* avait donc maintenant un mois de retard. Or, comme il s'agissait de cette traversée, relativement courte, de Terre-Neuve à la côte de Norvège, c'était véritablement hors de mesure — même pour un navire à voiles.

Hulda ne vivait plus. Son frère ne parvenait pas à trouver un seul mot qui pût la consoler. Devant ces deux pauvres êtres, le professeur succombait à la tâche qu'il s'était donnée de conserver un peu d'espoir. Hulda et Joël ne quittaient le seuil de la maison que pour aller regarder du côté de Mœl, ou pour s'avancer sur la route du Rjukanfos. Ole Kamp devait venir par Bergen ; mais il pouvait se faire qu'il arrivât aussi par Christiania, si la destination du *Viken* avait été modifiée. Un bruit de kariol qui se faisait entendre sous les arbres, un cri jeté dans les airs, l'ombre d'un homme se dessinant au tournant du chemin, cela leur faisait battre le cœur, mais inutilement ! Les gens de Dal veillaient de leur côté. Ils allaient au-devant du courrier, en amont et en aval du Maan. Tous s'intéressaient à cette famille si aimée dans le pays, à ce pauvre Ole qui était presque un enfant du Telemark. Et pas une lettre ne venait de Bergen ou de Christiania apporter quelque nouvelle de l'absent !

Le 16, rien de nouveau. Sylvius Hog ne pouvait plus tenir en place. Il comprit qu'il fallait donner de sa personne. Aussi, annonça-t-il que, le lendemain, s'il n'avait rien reçu, il partirait pour Christiania et s'assurerait par lui-même que les recherches étaient activement faites. Certes ! il lui en coûterait de laisser Hulda et Joël ; mais il le fallait, et il reviendrait, dès qu'il aurait achevé ses démarches.

Le 17, une grande partie du jour s'était déjà écoulée — le plus triste de tous, peut-être ! La pluie n'avait cessé de tomber depuis l'aube. Le vent se déchaînait à travers les arbres. De grands coups de rafale crépitaient sur les vitraux des fenêtres du côté du Maan.

Il était sept heures. On venait d'achever le dîner, en silence, comme dans une maison en deuil. Sylvius Hog n'avait même pu soutenir la conversation. Les paroles lui manquaient avec les idées. Qu'aurait-il dit qui ne l'eût été cent fois déjà ! Ne sentait-il pas que cette prolongation d'absence rendait inacceptables ses arguments d'autrefois ?

« Je partirai demain matin pour Christiania, dit-il. Joël, occupez-vous de me procurer une kariol. Vous me conduirez à Mœl, et vous reviendrez aussitôt à Dal !

— Oui, monsieur Sylvius, répondit Joël. Vous ne voulez pas que je vous accompagne plus loin ? »

Le professeur fit un signe négatif en montrant Hulda qu'il ne voulait pas priver de son frère.

En ce moment, un bruit, peu sensible encore, se fit entendre sur la route, du côté de Mœl. Tous écoutèrent. Bientôt, il n'y eut plus de doute, c'était le bruit d'une kariol. Elle se dirigeait rapidement vers Dal. Était-ce donc quelque voyageur qui venait passer la nuit à l'auberge? C'était peu probable, et rarement les touristes arrivaient à une heure aussi avancée.

Hulda venait de se lever toute tremblante. Joël alla vers la porte, l'ouvrit, regarda.

Le bruit s'accentuait. C'était bien le pas d'un cheval et le grincement de roues d'une kariol. Mais telle fut alors la violence de la bourrasque qu'il fallut refermer la porte.

Sylvius Hog allait et venait dans la salle. Joël et sa sœur se tenaient l'un près de l'autre.

La kariol ne devait plus être qu'à une vingtaine de pas de la maison. Allait-elle s'arrêter ou passer outre?

Le cœur leur battait à tous — horriblement.

La kariol s'arrêta. On entendit une voix qui appelait... Ce n'était pas la voix de Ole Kamp!

Presque aussitôt on frappa à la porte.

Joël l'ouvrit.

Un homme était sur le seuil.

« Monsieur Sylvius Hog? demanda-t-il.

— C'est moi, répondit le professeur, en s'avançant. Qui êtes-vous, mon ami?

— Un exprès qui vous est envoyé de Christiania par le directeur de la Marine.

— Vous avez une lettre pour moi?

— La voici! »

Et l'exprès tendit une grande enveloppe qui était cachetée du cachet officiel.

Hulda n'avait plus la force de se tenir debout. Son frère venait de la faire asseoir sur un escabeau. Ni l'un ni l'autre n'osaient presser Sylvius Hog d'ouvrir la lettre.

Enfin, il lut ce qui suit :

« Monsieur le professeur,

« En réponse à votre dernière lettre, je vous adresse sous ce pli un docu-
« ment qui a été recueilli en mer par un navire danois, à la date du 5 juin
« dernier. Malheureusement, ce document ne laisse plus aucun doute sur
« le sort du *Viken*... »

Sylvius Hog, sans prendre le temps d'achever la lettre, avait tiré le document de l'enveloppe... Il le regardait... Il le retournait...

C'était un billet de loterie, portant le numéro 9672.

Au revers du billet, on lisait ces quelques lignes :

« 3 mai. — Chère Hulda, le *Viken* va sombrer !... Je n'ai plus que ce billet
« pour toute fortune !... Je le confie à Dieu pour qu'il te le fasse parvenir, et,
« puisque je n'y serai pas, je te prie d'être là quand il sera tiré !... Reçois-le
« avec ma dernière pensée pour toi !... Hulda, ne m'oublie pas dans tes
« prières !... Adieu, chère fiancée, adieu !...

« OLE KAMP. »

XII

Voilà donc quel était le secret du jeune marin! C'était là cette chance sur laquelle il comptait pour apporter une fortune à sa fiancée! Un billet de loterie, acheté avant son départ!... Et au moment où allait sombrer le *Viken*, il l'avait enfermé dans une bouteille, il l'avait jeté à la mer, avec un dernier adieu pour Hulda!

Cette fois, Sylvius Hog fut anéanti. Il regardait la lettre, puis le document!... Il ne parlait plus. Qu'eût-il pu dire d'ailleurs? Quel doute pouvait exister maintenant sur la catastrophe du *Viken*, sur la perte de tous ceux qu'il ramenait en Norvège?

Hulda, pendant que Sylvius Hog lisait cette lettre, avait pu résister et se raidir contre l'angoisse. Mais, après les derniers mots du billet de Ole, elle tomba dans les bras de Joël. Il fallut la transporter dans sa chambre, où sa mère lui donna les premiers soins. Elle voulut rester seule alors, et, maintenant, agenouillée près de son lit, elle priait pour l'âme de Ole Kamp.

Dame Hansen était rentrée dans la salle. Tout d'abord, elle fit un pas vers le professeur, comme si elle eût voulu parler, et, se dirigeant vers l'escalier, elle disparut.

Joël, lui, après avoir reconduit sa sœur, était aussitôt sorti. Il étouffait dans cette maison ouverte à tous les vents de malheur. Il lui fallait l'air du dehors, l'air de la bourrasque, et, pendant une partie de la nuit, il resta à errer sur les bords du Maan.

Sylvius Hog était seul maintenant. Au premier moment, abattu par ce coup de foudre, il ne tarda pas à retrouver son énergie habituelle. Après avoir fait deux ou trois tours dans la salle, il écouta si quelque appel de la jeune fille n'arriverait pas jusqu'à lui. N'entendant rien, il s'assit près de la table, et ses réflexions reprirent leur cours.

Hulda refusa ces offres. (Page 110.)

« Hulda, se disait-il, Hulda, ne plus revoir son fiancé ! Un pareil malheur serait possible !... Non !... A cette pensée tout se révolte en moi ! Le *Viken* a sombré, soit ! Mais y a-t-il donc une certitude absolue de la mort de Ole ? Je ne puis le croire ! Dans tous les cas de naufrage, n'est-ce pas le temps seul qui peut affirmer que personne n'a pu survivre à la catastrophe ? Oui ! je doute, je veux douter encore, dussent ni Hulda, ni Joël, ni personne ne plus partager ce doute avec moi ! Puisque le *Viken* s'est englouti, cela explique-t-il qu'il n'en soit

Le marché aux poissons à Bergen. (Page 114.)

resté aucun débris sur la mer?... non!... rien, si ce n'est cette bouteille dans laquelle le pauvre Ole a voulu mettre sa dernière pensée, et, avec elle, tout ce qui lui restait au monde! »

Sylvius Hog tenait à la main le document, il le regardait, il le palpait, il le retournait, ce chiffon de papier sur lequel le pauvre garçon avait édifié toute une espérance de fortune!

Cependant, le professeur, voulant l'examiner avec plus de soin, se leva,

14

écouta encore si la pauvre fille n'appelait pas sa mère ou son frère, et il rentra dans sa chambre.

Ce billet était un billet de la loterie des Écoles de Christiania, loterie très populaire alors en Norvège. Gros lot : cent mille marks [1]. Valeur totalisée des autres lots : quatre-vingt dix mille marks. Nombre des billets émis : un million — tous placés actuellement.

Le billet de Ole Kamp portait le numéro 9672. Mais, maintenant, que ce numéro fût bon ou mauvais, que le jeune marin eût ou non quelque secrète raison d'y avoir confiance, il ne serait plus là au moment du tirage de cette loterie, qui devait s'effectuer le 15 juillet prochain, c'est-à-dire dans vingt-huit jours. Hulda, suivant sa dernière recommandation, devrait se présenter à sa place et répondre pour lui!

Sylvius Hog, à la clarté de son chandelier de terre, relisait attentivement les lignes écrites au dos du billet, comme s'il eût voulu y découvrir quelque sens caché.

Ces lignes avaient été tracées à l'encre. Il était manifeste que la main de Ole n'avait pas tremblé pendant qu'il les écrivait. Cela prouvait que le maître du *Viken* avait tout son sang-froid au moment du naufrage. Il se trouvait ainsi dans des conditions à pouvoir profiter d'un moyen de salut quelconque, un espar flottant, une planche en dérive, si tout n'avait pas été englouti dans le gouffre où sombrait le navire.

Le plus souvent, ces documents, recueillis en mer, font à peu près connaître l'endroit où s'est accomplie la catastrophe. Sur celui-ci, il n'y avait pas une latitude, pas une longitude, rien qui indiquât quelles étaient les terres les plus rapprochées, continent ou îles. Il fallait en conclure que le capitaine ni personne de l'équipage ne savait où se trouvait alors le *Viken*. Entraîné, sans doute, par une de ces tempêtes auxquelles on ne peut résister, il avait dû être rejeté hors de sa route, et, l'état du ciel ne permettant pas d'obtenir une observation solaire, la position n'avait pu être relevée depuis quelques jours. Dès lors, il était probable qu'on ne saurait jamais en quels

1. Environ cent mille francs.

parages du nord de l'Atlantique, au large de Terre-Neuve ou de l'Islande, l'abîme s'était refermé sur les naufragés.

C'était là une circonstance qui devait enlever tout espoir, même à qui ne voulait pas désespérer.

En effet, avec une indication, si vague qu'elle fût, on aurait pu entreprendre des recherches, envoyer un navire sur le lieu de la catastrophe, peut-être y retrouver quelques débris reconnaissables. Qui sait si un ou plusieurs survivants de l'équipage n'avaient pas atteint un point quelconque de ces rivages du continent arctique, où ils étaient sans secours, dans l'impossibilité de se rapatrier?

Tel était le doute qui peu à peu prenait corps dans l'esprit de Sylvius Hog, — doute inacceptable pour Hulda et Joël, doute que le professeur eût hésité maintenant à faire naître en eux, tant la désillusion, si probable, eût été douloureuse.

« Et cependant, se disait-il, si le document ne donne aucune indication qu'on puisse utiliser, on sait, du moins, dans quels parages la bouteille a été recueillie! Cette lettre ne le dit pas, mais la Marine, à Christiania, ne peut l'ignorer! N'est-ce pas un indice dont on pourrait profiter peut-être? En étudiant la direction des courants, celle des vents généraux, en se rapportant à la date présumée du naufrage, ne serait-il pas possible?... Enfin, je vais écrire de nouveau. Il faut que l'on hâte les recherches, si peu de chance qu'elles aient d'aboutir! Non! jamais je n'abandonnerai cette pauvre Hulda! Jamais, tant que je n'en aurai pas une preuve absolue, je ne croirai à la mort de son fiancé! »

Ainsi raisonnait Sylvius Hog. Mais, en même temps, il prenait le parti de ne plus parler des démarches qu'il allait entreprendre, des efforts qu'il allait provoquer de toute son influence. Hulda ni son frère ne surent donc rien de ce qu'il écrivit à Christiania. De plus, ce départ qui devait s'effectuer le lendemain, il se résolut à le remettre indéfiniment, — ou plutôt il partirait dans quelques jours, mais ce serait pour se rendre à Bergen. Là, il saurait de MM. Help tout ce qui concernait le *Viken*, il prendrait lui-même l'avis des gens de mer les plus compétents, il déterminerait la manière dont les premières recherches devraient être faites.

Cependant, sur les renseignements fournis par la Marine, les journaux de Christiania, puis ceux de la Norvège et de la Suède, puis ceux de l'Europe, s'étaient peu à peu emparés de ce fait d'un billet de loterie transformé en document. Il y avait quelque chose de touchant dans cet envoi d'un fiancé à sa fiancée, et l'opinion publique s'en émut, non sans raison.

Le doyen des journaux de Norvège, le *Morgen-Blad*, fut le premier à rapporter l'histoire du *Viken* et de Ole Kamp. Des trente-sept autres journaux qui paraissaient dans le pays à cette époque, pas un n'omit de le raconter en termes attendris. L'*Illustreret Nyhedsblad* publia un dessin idéal de la scène du naufrage. On voyait le *Viken* désemparé, ses voiles en lambeaux, sa mâture en partie détruite, prêt à disparaître sous les flots. Ole, debout à l'avant, lançait la bouteille à la mer, au moment où il recommandait, avec sa dernière pensée pour Hulda, son âme à Dieu. Dans un lointain allégorique, au milieu d'une vapeur légère, une lame apportait la bouteille aux pieds de la jeune fiancée. Le tout tenait dans le cadre de ce billet dont le numéro se détachait en exergue. Image naïve, sans doute, mais qui devait avoir un grand succès dans ces contrées, encore attachées aux légendes des Ondines et des Valkyries.

Le fait fut ensuite reproduit, commenté, en France, en Angleterre, jusque dans les États-Unis d'Amérique. Avec les noms de Hulda et de Ole, leur histoire se popularisa par le crayon et la plume. Cette jeune Norvégienne de Dal, sans le savoir, eut alors le privilège de passionner l'opinion publique. La pauvre fille ne pouvait se douter du bruit qui se faisait autour d'elle. D'ailleurs, rien n'aurait pu la distraire de la douleur dans laquelle elle s'absorbait tout entière.

Et maintenant, on ne s'étonnera pas de l'effet qui se produisit dans les deux continents — effet très explicable, étant donné que la nature humaine glisse volontiers sur la pente des choses superstitieuses. Un billet de loterie, recueilli dans ces circonstances, avec ce numéro 9672, si providentiellement arraché aux flots, ne pouvait être qu'un billet prédestiné. Entre tous, n'était-il pas miraculeusement indiqué pour gagner le gros lot de cent mille marks ? Ne valait-il pas une fortune, cette fortune sur laquelle comptait Ole Kamp ?

Aussi, qu'on n'en soit pas surpris, arriva-t-il à Dal, un peu de partout, de très sérieuses propositions d'acheter ce billet, si Hulda Hansen consentait à le vendre. Tout d'abord, les prix offerts étaient médiocres ; mais ils s'élevèrent de jour en jour. On pouvait donc prévoir qu'avec le temps et à mesure que se rapprocherait le jour du tirage de la loterie, il se présenterait de sérieuses surenchères.

Ces offres se manifestèrent, non seulement en ces pays scandinaves, si portés à reconnaître l'intervention des puissances surnaturelles dans les choses de ce monde, mais aussi à l'étranger et même en France. Les Anglais, très flegmatiquement, s'en mêlèrent, et, après eux, les Américains, dont les dollars ne se dépensent pas volontiers à des fantaisies si peu pratiques. Une certaine quantité de lettres furent adressées à Dal. Les journaux ne négligèrent pas de faire connaître l'importance des propositions faites à la famille Hansen. On peut dire qu'il s'établit une sorte de petite bourse, dont la cote variait, mais toujours en hausse.

Aussi, en vint-on à offrir plusieurs centaines de marks de ce billet, qui, en somme, n'avait qu'un millionième de chance pour gagner le gros lot. C'était absurde, sans doute, mais on ne raisonne pas avec les idées superstitieuses. Aussi les imaginations se montaient-elles, et, avec la force acquise, elles pouvaient, elles devaient aller plus haut.

C'est ce qui se produisit, en effet. Huit jours après cet événement, les journaux annonçaient que le cours du billet dépassait mille, quinze cents, et même deux mille marks. Un Anglais, de Manchester, était allé jusqu'à cent livres sterling, soit deux mille cinq cents marks. Un Américain, de Boston, renchérit encore, et proposa d'acquérir le numéro 9672 de la loterie des Écoles de Christiania pour la somme de mille dollars — environ cinq mille francs.

Il va sans dire que Hulda ne se préoccupait aucunement de ce qui passionnait à ce point un certain public. De ces lettres arrivées à Dal, au sujet du billet, elle n'avait même pas voulu prendre connaissance. Cependant, le professeur fut d'avis qu'on ne pouvait lui laisser ignorer quelles propositions étaient faites, puisque Ole Kamp lui avait légué la propriété de ce numéro 9672.

Hulda refusa toutes les offres. Ce billet, c'était la dernière lettre de son fiancé.

Et qu'on ne croie pas qu'elle y tînt, la pauvre fille, avec l'arrière-pensée qu'il pourrait lui valoir un des lots de la loterie ! Non ! Elle ne voyait là que le suprême adieu du naufragé, une dernière relique qu'elle voulait conserver précieusement. Elle ne songeait guère aux chances d'une fortune que Ole ne pourrait plus partager avec elle ! Quoi de plus touchant, de plus délicat, que ce culte pour un souvenir !

Au surplus, en lui faisant connaître les diverses propositions qui lui étaient adressées, Sylvius Hog ni Joël n'entendaient influencer Hulda. Elle ne devait prendre avis que de son cœur. On sait maintenant ce que son cœur lui avait répondu.

Joël, d'ailleurs, approuva absolument sa sœur. Le billet de Ole Kamp ne devait être cédé à personne — à aucun prix.

Sylvius Hog fit plus qu'approuver Hulda : il la félicita de ne point prêter l'oreille à tout ce commerce. Voit-on ce billet vendu à l'un, revendu à l'autre, passant de main en main, transformé en une sorte de papier-monnaie jusqu'au moment où le tirage de la loterie en aurait fait très probablement un chiffon sans valeur ?

Et Sylvius Hog allait même plus loin. Est-ce que par hasard il était superstitieux ? Non, sans doute ! Mais Ole Kamp eût été là, qu'il lui aurait probablement dit :

« Gardez votre billet, mon garçon, gardez-le ! On l'a d'abord sauvé du naufrage, vous ensuite ! Eh bien, il faut voir !... On ne sait pas !... Non !... On ne sait pas ! »

Et quand Sylvius Hog, professeur de législation, député au Storthing, pensait ainsi, pouvait-on s'étonner de l'engouement du public ? Non, et rien de plus naturel que le 9672 eût fait prime ?

Dans la maison de dame Hansen, il n'y eut donc personne qui protestât contre le sentiment si respectable qui faisait agir la jeune fille, — personne, si ce n'est sa mère.

Le plus souvent, en effet, on entendait récriminer dame Hansen, surtout en l'absence de Hulda. Cela ne laissait pas de causer un très gros chagrin à Joël. Sa mère — il le pensait, du moins — ne s'en tiendrait peut-être pas toujours à des récriminations. Elle voudrait entreprendre secrètement Hulda au sujet des offres qui lui étaient faites.

« Cinq mille marks, ce billet ! répétait-elle. On en propose cinq mille marks ! »

Dame Hansen ne voulait évidemment rien voir de ce qu'il y avait d'attendrissant dans le refus de sa fille. Elle ne pensait qu'à cette importante somme de cinq mille marks. Un seul mot de Hulda les eût fait entrer dans la maison. Elle ne croyait pas, d'ailleurs, à la valeur surnaturelle du billet, si norvégienne qu'elle fût. Et, de sacrifier cinq mille marks pour ce millionième de chance d'en gagner cent mille, cela ne pouvait entrer dans son esprit froid et positif.

Il est bien évident que, toute superstition mise à part, rejeter le certain pour l'incertain, dans des conditions si aléatoires, ce n'eût point été acte de sagesse. Mais, on le répète, ce billet n'était pas un billet de loterie pour Hulda ; c'était la dernière lettre de Ole Kamp, et son cœur se fût brisé à la pensée de s'en dessaisir.

Cependant dame Hansen désapprouvait très manifestement la conduite de sa fille. On sentait une sourde irritation s'amasser en elle. Un jour ou l'autre, il était à craindre qu'elle ne mît Hulda en demeure de revenir sur sa résolution. Déjà, elle avait parlé dans ce sens à Joël, qui n'avait pas hésité à prendre parti pour sa sœur.

Naturellement, Sylvius Hog était tenu au courant de ce qui se passait. C'était un chagrin de plus ajouté à tout ce que souffrait Hulda, et il le regrettait.

Joël lui en parlait quelquefois.

« Est-ce que ma sœur n'a pas raison de refuser? disait-il. Est-ce que je ne fais pas bien d'approuver son refus?

— Sans doute! lui répondait Sylvius Hog. Et, pourtant, au point de vue mathématique, votre mère a un million de fois raison! Mais, tout n'est pas mathématique en ce monde! Le calcul n'a rien à voir dans les choses du cœur! »

Pendant ces deux semaines, on avait dû surveiller Hulda. Accablée par
tant de douleurs, elle donna de sérieuses craintes pour sa santé. Heureusement,
les soins ne lui manquèrent pas. Sur la demande de Sylvius Hog, le célèbre
docteur Boek, son ami, vint à Dal voir la jeune malade. Il n'eut que le repos
du corps à lui prescrire, et le calme de l'âme, s'il était possible. Mais le vrai
moyen de la guérir, c'était le retour de Ole, et ce moyen, Dieu seul en pouvait disposer. En tout cas, Sylvius Hog n'épargna point ses consolations à la
jeune fille, et il ne cessa pas de lui faire entendre des paroles d'espérance.
Et, quoique cela puisse paraître invraisemblable, Sylvius Hog ne désespérait
pas !

Treize jours s'étaient écoulés depuis l'arrivée du billet envoyé par la
Marine à Dal. On était au 30 juin. Quinze jours encore, et le tirage de la
loterie des Écoles allait s'effectuer en grande pompe dans un des vastes établissements de Christiania.

Précisément, ce 30 juin, dans la matinée, Sylvius Hog reçut une nouvelle
lettre de la Marine en réponse à ses instances réitérées. Cette lettre l'en-
gageait à s'entendre avec les autorités maritimes de Bergen. De plus, elle
l'autorisait à organiser immédiatement les recherches relatives au *Viken* avec
le concours de l'État.

Le professeur ne voulut rien dire à Joël ni à Hulda de ce qu'il allait entreprendre. Il se contenta de leur annoncer son départ, en prétextant un voyage
d'affaires qui ne le retiendrait que quelques jours.

« Monsieur Sylvius, je vous en supplie, ne nous abandonnez pas ! lui dit la
pauvre fille.

— Vous abandonner.... vous qui êtes devenus mes enfants ! » répondit
Sylvius Hog.

Joël offrait de l'accompagner. Cependant, ne voulant pas laisser soupçonner
qu'il allait à Bergen, il ne lui permit de venir que jusqu'à Mœl. D'ailleurs, il ne
fallait pas que Hulda restât seule avec sa mère. Après avoir été alitée pendant quelques jours, elle commençait à se lever, maintenant ; mais elle était
faible encore, elle gardait la chambre, et son frère sentait bien qu'il ne pouvait la quitter.

A onze heures, la kariol se trouvait devant la porte de l'auberge. Le professeur y prit place avec Joël, après avoir dit un dernier adieu à la jeune fille. Puis, tous deux disparurent au tournant du sentier, sous les grands bouleaux de la rive.

Le soir même, Joël était de retour à Dal.

XIII

Sylvius Hog était donc parti pour Bergen. Sa nature tenace, son caractère énergique, un instant ébranlés, avaient repris le dessus. Il ne voulait pas croire à la mort de Ole Kamp, ni admettre que Hulda fût condamnée à ne jamais le revoir. Non! tant que la matérialité du fait ne serait pas reconnue, il le tenait pour faux. Et, comme on dit vulgairement, « c'était plus fort que lui. »

Mais avait-il donc un indice sur lequel il lui serait possible d'appuyer l'œuvre qu'il allait entreprendre à Bergen? Oui, mais un indice bien vague, il faut en convenir!

Il savait, en effet, à quelle date le billet avait été jeté à la mer par Ole Kamp, à quelle date et dans quels parages la bouteille, qui renfermait ce billet, avait été recueillie. C'est ce que venait de lui apprendre la lettre de la Marine, lettre qui l'avait décidé à partir immédiatement pour Bergen, afin de s'entendre avec la maison Help et les marins les plus compétents du port. Peut-être cela suffirait-il pour imprimer une utile direction aux recherches dont le *Viken* allait être l'objet.

Le voyage s'accomplit aussi rapidement que possible. Arrivé à Mœl, Sylvius Hog renvoya son compagnon avec la kariol. Il prit passage sur une de ces embarcations d'écorce de bouleau, qui font le service du lac Tinn. Une fois à Tinoset, au lieu de se porter vers le sud, c'est-à-dire, du côté de Bamble, il loua une seconde kariol et suivit les routes du Hardanger, afin de gagner le golfe de ce nom par le plus court. Là, le *Run*, petit bateau à vapeur qui fait le service du golfe, lui permit de le redescendre jusqu'à son extrémité inférieure. Enfin, après avoir traversé un lacis de fiords, entre les îlots et les îles dont est semé le littoral norvégien, le 2 juillet, dès l'aube, il débarqua sur le quai de Bergen.

Cette ancienne ville que baignent les deux fiords de Sogne et de Hardanger, est située dans une contrée superbe à laquelle ressemblera la Suisse, le jour où un bras de mer artificiel aura amené les eaux de la Méditerranée au pied de ses montagnes. Une magnifique allée de frênes donne accès aux premières habitations de Bergen. Ses hautes maisons à pignons pointus resplendissent de blancheur, comme celles des villes arabes, et sont agglomérées dans ce triangle irrégulier qui renferme ses trente mille habitants. Ses églises datent du douzième siècle. Sa haute cathédrale la signale de loin aux navires qui viennent du large. C'est la capitale de la Norvège commerçante, bien qu'elle soit placée très en dehors des voies de communication, et fort éloignée des deux autres villes qui, politiquement, tiennent le premier et le deuxième rang dans le royaume, — Christiania et Drontheim.

En toute autre circonstance, le professeur eût pris goût à étudier ce chef-lieu de préfecture, peut-être plus hollandais que norvégien par son aspect et ses mœurs. Cela faisait partie du programme de son voyage. Mais, depuis l'aventure de la Maristien, depuis son arrivée à Dal, ce programme avait subi d'importantes modifications. Sylvius Hog n'était plus maintenant le député touriste, qui voulait prendre un exact aperçu du pays, au point de vue politique comme au point de vue commercial. C'était l'hôte de la maison Hansen, l'obligé de Joël et de Hulda, dont les intérêts primaient tout. C'était le débiteur qui voulait, à n'importe quel prix, payer sa dette de reconnaissance. « Et, pensait-il, ce qu'il allait tenter de faire pour eux, ce serait bien peu de chose ! »

En arrivant à Bergen par le *Run*, Sylvius Hog prit terre au fond du port, sur le quai du marché au poisson. Aussitôt il se rendit dans le quartier de Tyske-Bodrone, où demeurait Help junior, de la maison Help frères.

Naturellement il pleuvait, puisque la pluie tombe à Bergen trois cent soixante jours par an. Mais, pour être clos et couvert, on eût difficilement trouvé une maison mieux aménagée que l'hospitalière maison de Help junior. Quant à l'accueil qu'y reçut Sylvius Hog, nulle part il n'aurait pu être plus chaud, plus cordial, plus démonstratif. Son ami s'empara de sa personne comme d'un colis précieux qu'il prenait en consignation, qu'il emmagasina avec soin, et qu'il ne délivrerait plus que contre un reçu en bonne et due forme. ·

Immédiatement, Sylvius Hog fit connaître le but de son voyage à Help junior. Il lui parla du *Viken*. Il lui demanda si aucune nouvelle n'en était arrivée depuis sa dernière lettre. Les marins de l'endroit le considéraient-ils comme perdu corps et biens? Ce naufrage, qui mettait en deuil plusieurs familles de Bergen, n'avait-il pas amené les autorités maritimes à commencer des recherches?

« Et comment le pourrait-on, répondit Help junior, puisqu'on ne sait quel est le lieu du naufrage?

— Soit, mon cher Help, et c'est précisément parce qu'on l'ignore qu'il faut chercher à le connaître.

— A le connaître?

— Oui! Si on ne sait rien de l'endroit où a sombré le *Viken*, on sait, du moins, quel est l'endroit où le document a été recueilli par le navire danois. Il y a là donc un indice certain que nous serions coupables de négliger.

— Quel est cet endroit?

— Ecoutez-moi, mon cher Help! »

Sylvius Hog communiqua alors les nouveaux renseignements que lui avait fait parvenir en dernier lieu la Marine, et les pleins pouvoirs qu'elle lui donnait pour les utiliser.

La bouteille qui renfermait le billet de loterie de Ole Kamp avait été trouvée, le 3 juin, par le brick-goëlette *Christian*, capitaine Mosselman, d'Elseneur, à deux cents milles dans le sud-ouest de l'Islande, les vents soufflant du sud-est.

Ce capitaine avait aussitôt pris connaissance du document, comme il le

Sylvius les mit au courant. (Page 120.)

devait, pour le cas où un secours immédiat eût pu être porté aux survivants du *Viken*. Mais les lignes écrites au dos du billet de loterie n'indiquaient en aucune façon le lieu du naufrage, et le *Christian* ne put se porter sur les parages de la catastrophe.

C'était un honnête homme, ce capitaine Mosselman. Peut-être un autre, peu scrupuleux, eût-il gardé le billet pour son compte. Lui n'eut plus qu'une pensée : c'était de faire parvenir le billet à son adresse, dès qu'il serait rentré

Après avoir pris congé de son ami. (Page 123.)

au port. « Hulda Hansen, de Dal, » cela suffisait. Il n'était pas nécessaire d'en savoir davantage.

Cependant, une fois arrivé à Copenhague, le capitaine Mosselman se dit qu'il ferait mieux de remettre le document aux autorités danoises au lieu de l'envoyer directement à la destinataire. C'était plus sûr et plus régulier. C'est donc ce qu'il fit, et la Marine de Copenhague avisa aussitôt la Marine de Christiania.

A cette époque, on avait déjà reçu les premières lettres de Sylvius Hog qui demandait des renseignements précis sur le *Viken*. L'intérêt tout spécial qu'il portait à la famille Hansen était connu. Sylvius Hog devait rester à Dal quelque temps encore, on le savait, et ce fut là que le document, recueilli par le capitaine danois, lui fut adressé, afin qu'il le remît entre les mains de Hulda Hansen.

Depuis lors, cette histoire n'avait cessé de passionner l'opinion publique, on ne l'a point oublié, grâce aux détails touchants que fournirent les journaux des deux mondes.

Voilà ce que Sylvius Hog apprit sommairement à son ami Help junior, qui l'écoutait avec le plus vif intérêt, sans l'interrompre, et il termina son récit en disant :

« Il y a donc un point qui ne peut être mis en doute : c'est que, le 3 juin dernier, le document a été trouvé à deux cents milles dans le sud-ouest de l'Islande, un mois environ après le départ du *Viken* de Saint-Pierre-Miquelon pour l'Europe.

— Et vous ne savez rien de plus?

— Non, mon cher Help ; mais, en consultant les marins les plus expérimentés de Bergen, ceux qui sont ou ont été pratiques de ces parages, qui connaissent la direction générale des vents et surtout des courants, ne pourrait-on rétablir la route suivie par la bouteille? Puis, en tenant compte approximativement de sa vitesse et du temps écoulé jusqu'au moment où elle a été recueillie, est-il impossible d'imaginer en quel endroit elle a dû être jetée par Ole Kamp, c'est-à-dire quel est le lieu du naufrage? »

Help junior secouait la tête d'un air peu approbatif. Faire reposer toute une tentative de recherches sur de si vagues indications, auxquelles pouvaient se mêler tant de causes d'erreur, ne serait-ce pas courir à l'insuccès? L'armateur, esprit froid et pratique, crut devoir le faire observer à Sylvius Hog.

« Soit, ami Help! Mais, de ce qu'on ne pourra obtenir que des données très incertaines, ce n'est pas une raison pour abandonner la partie. Je tiens à ce que tout soit tenté en faveur de ces pauvres gens, auxquels je suis redevable de la vie. Oui, s'il le fallait, je n'hésiterais pas à sacrifier tout ce

que je possède pour retrouver Ole Kamp et le ramener à sa fiancée Hulda
Hansen ! »

Et Sylvius Hog raconta par le détail son aventure du Rjukanfos. Il dit de
quelle façon cet intrépide Joël et sa sœur avaient risqué leur vie pour lui
venir en aide, et comment, sans leur intervention, il n'aurait pas aujourd'hui
le plaisir d'être l'hôte de son ami Help.

L'ami Help, on l'a dit, était un esprit peu enclin à se payer d'illusions ;
mais il n'était point opposé à ce que l'on tentât même l'inutile, même l'impossible, quand il s'agissait d'une question d'humanité. Il approuva donc finalement ce que voulait tenter Sylvius Hog.

« Sylvius, répondit-il, je vous seconderai de tout mon pouvoir. Oui ! Vous
avez raison ! N'y eût-il qu'une faible chance de retrouver quelque survivant du
Viken, et, entre autres, ce brave Ole dont la fiancée vous a sauvé la vie, il
ne faut pas la négliger !

— Non, Help, non, répondit le professeur, cette chance ne fût-elle que d'une
sur cent mille !

— Aujourd'hui même, Sylvius, je réunirai dans mon cabinet les meilleurs
marins de Bergen. Je ferai appel à tous ceux qui ont navigué ou naviguent
habituellement dans les parages de l'Islande et de Terre-Neuve. Nous verrons ce qu'ils conseilleront de faire...

— Et ce qu'ils conseilleront de faire, nous le ferons ! répondit Sylvius Hog
avec son ardeur si communicative. J'ai l'appui du gouvernement. Je suis
autorisé à faire concourir un de ses avisos à la recherche du *Viken*, et je
compte bien que personne n'hésitera, quand il s'agira de s'adjoindre à une
pareille œuvre !

— Je vais au bureau de la Marine, dit Help junior.

— Voulez-vous, que je vous accompagne ?

— C'est inutile ! Vous devez être fatigué....

— Fatigué !... moi !... à mon âge !...

— N'importe. Reposez-vous, mon cher et toujours jeune Sylvius, en m'attendant ici ! »

Le jour même, il y eut une réunion de capitaines marchands, de marins de la grande pêche et de pilotes dans la maison de Help frères. Là se trouvaient nombre de gens de mer qui naviguaient encore, et quelques-uns, plus âgés, maintenant à la retraite.

Tout d'abord, Sylvius Hog les mit au courant de la situation. Il leur apprit à quelle date, — 3 mai — le document avait été jeté à la mer par Ole Kamp, à quelle date — 3 juin — le capitaine danois l'avait recueilli, et dans quels parages, soit deux cents milles au sud-ouest de l'Islande.

La discussion fut assez longue et très sérieuse. Il n'y avait pas un de ces braves gens qui ne connût quelle était, sur les parages de l'Islande et des mers de Terre-Neuve, la direction générale des courants dont il fallait tenir compte pour le problème à résoudre.

Or, il était constant qu'à l'époque du naufrage, pendant l'intervalle de temps compris entre le départ du *Viken* de Saint-Pierre-Miquelon et le repêchage de la bouteille par le navire danois, d'interminables coups de vent de sud-est avaient bouleversé cette portion de l'Atlantique. C'est à ces tempêtes, sans doute, qu'il fallait attribuer la catastrophe. Très probablement, le *Viken*, ne pouvant plus tenir la cape, avait dû fuir vent arrière. Or, c'est précisément pendant cette période de l'équinoxe, que les glaces polaires commencent à dériver sur l'Atlantique. Il était possible qu'une collision se fût produite, et que le *Viken* eût été brisé contre un de ces écueils mouvants qu'il est si difficile d'éviter.

Donc, en admettant cette explication, pourquoi l'équipage, en tout ou partie, ne se serait-il pas réfugié sur l'un de ces icefields, après y avoir déposé une certaine quantité de vivres? Si cela était, le banc de glace ayant dû être repoussé dans le nord-ouest, il n'était pas impossible que les survivants eussent pu finalement atterrir en un point quelconque de la côte groënlandaise. C'était donc dans cette direction et dans ces parages que les recherches devraient être tentées.

Telle fut la réponse faite, à l'unanimité, dans cette réunion de marins, aux diverses questions posées par Sylvius Hog. Nul doute qu'il ne fallût procéder de la manière indiquée. Mais que retrouver si ce ne sont des débris, au cas où le *Viken* aurait abordé quelque énorme iceberg? Devait-on

compter sur le rapatriement des survivants du naufrage? Chose plus que
douteuse. Le professeur, à cette demande directe, vit bien que les plus compétents ne pouvaient ou ne voulaient rien répondre. Ce n'était pas une
raison pour ne point agir, — là-dessus, ils étaient tous d'accord, — et cela
dans le plus bref délai.

Bergen compte habituellement quelques-uns des navires appartenant à la
flottille norvégienne de l'État. A ce port est attaché un des trois avisos qui
font le service de la côte occidentale, en s'arrêtant aux escales de Drontheim,
du Finmark, d'Hammerfest et du cap Nord. En ce moment, un de ces
avisos était mouillé dans la baie.

Après avoir rédigé une note qui résumait l'opinion des marins réunis chez
Help junior, Sylvius Hog se rendit aussitôt à bord de l'aviso *Telegraf*. Là, il fit
connaître au commandant la mission spéciale dont le gouvernement l'avait
chargé.

Le commandant reçut le professeur avec empressement et se déclara
prêt à lui donner tout son concours. Il avait déjà fait la navigation de ces
parages pendant les longues et périlleuses campagnes qui entraînent les
pêcheurs de Bergen, des îles Loffoden et du Finmark, jusqu'aux pêcheries de
l'Islande et de Terre-Neuve. Il pourrait donc apporter ses connaissances per-
sonnelles à l'œuvre d'humanité qui allait être entreprise, et il promettait de
s'y donner tout entier.

Quant à la note que lui remit Sylvius Hog, — note indiquant le lieu présumé du naufrage, — il en approuva absolument les conclusions. C'était dans
cette portion de mer comprise entre l'Islande et le Groënland, qu'il fallait
rechercher les survivants, ou tout au moins quelque épave du *Viken*. Si le
commandant ne réussissait pas, il irait explorer les parages voisins et peut-être
la mer de Baffin sur sa côte orientale.

« Je suis prêt à partir, monsieur Hog, ajouta-t-il. Mon charbon et mes
vivres sont faits, mon équipage est à bord, et je puis appareiller aujourd'hui
même.

— Je vous remercie, commandant, répondit le professeur, et je suis très
touché de l'accueil que vous m'avez fait. Mais encore une question : pouvez-

16

vous me dire combien de temps il vous faudra pour atteindre les parages
du Groënland?

— Mon aviso peut faire onze nœuds à l'heure. Or, comme la distance de
Bergen au Groënland n'est que de vingt degrés environ, je compte arriver en
moins de huit jours.

— Faites donc toute la diligence possible, commandant, répondit Sylvius
Hog. Si quelques naufragés ont pu échapper à la catastrophe, voilà déjà deux
mois qu'ils sont dans le dénûment, sans doute, mourant de faim sur quelque
côte déserte…

— Il n'y a pas une heure à perdre, monsieur Hog. Aujourd'hui même je
prendrai la mer avec le jusant, je me tiendrai à mon maximum de vitesse, et,
aussitôt que j'aurai trouvé un indice quelconque, j'en informerai la marine
de Christiania par le fil de Terre-Neuve.

— Partez donc, commandant, répondit Sylvius Hog, et puissiez-vous
réussir! »

Le jour même le *Telegraf* appareillait, salué par les sympathiques hurrahs
de toute la population de Bergen. Et ce ne fut pas sans une vive émotion qu'on
le vit contourner les passes, puis disparaître derrière les derniers îlots du
fiord.

Cependant Sylvius Hog ne borna pas ses efforts à cette expédition, dont il
venait de charger l'aviso *Telegraf*. Dans sa pensée, on pouvait faire plus encore
en multipliant les moyens de retrouver quelque trace du *Viken*. N'était-il pas
possible d'exciter l'émulation des navires de commerce et de pêche, joëgts ou
autres, à donner leur concours aux recherches, pendant qu'ils naviguaient dans
les mers des Feroë et de l'Islande? Oui, sans doute! Aussi une prime de deux
mille marks fut-elle promise, au nom de l'État, à tout bâtiment qui fournirait
un indice relatif au navire perdu, et de cinq mille à quiconque rapatrierait un
des survivants du naufrage.

Voilà donc, pendant les deux jours qu'il passa à Bergen, comment Sylvius
Hog fit tout ce qu'il était possible de faire pour assurer le succès de cette campagne. Il fut, en cela, parfaitement secondé par son ami Help junior et les autorités maritimes. M. Help eût désiré le garder près de lui pendant quelque

temps encore. Sylvius Hog le remercia et refusa de prolonger son séjour. Il lui tardait d'avoir rejoint Hulda et Joël, qu'il craignait de laisser trop longtemps livrés à eux-mêmes. Mais Help junior convint avec lui que, si quelque nouvelle arrivait, elle lui serait aussitôt transmise à Dal. A lui seul appartenait le soin d'en instruire la famille Hansen.

Le 4, dès le matin, Sylvius Hog, après avoir pris congé de son ami Help junior, se rembarqua sur le *Run* pour traverser le fiord du Hardanger, et, à moins de retards improbables, il comptait être de retour au Telemark dans la soirée du 5.

XIV

Le jour même où Sylvius Hog avait quitté Bergen, une scène grave s'était passée dans l'auberge de Dal.

Après le départ du professeur, on eût dit que le bon génie de Hulda et de Joël avait emporté, avec son dernier espoir, toute la vie de cette famille. C'était comme une maison morte que Sylvius Hog laissait derrière lui.

Pendant ces deux jours, d'ailleurs, aucun touriste ne vint à Dal. Joël n'eut donc point l'occasion de s'absenter, et il put rester près de Hulda qu'il eût été très anxieux de laisser seule.

En effet, dame Hansen était de plus en plus dominée par ses secrètes inquiétudes. Elle semblait s'être détachée de tout ce qui touchait ses enfants, même de la perte du *Viken*. Elle vivait à l'écart, retirée dans sa chambre, ne se montrant qu'aux heures des repas. Mais, quand elle adressait la parole à Hulda ou à Joël, c'était toujours pour leur faire des reproches directs ou indirects au sujet du billet de loterie, dont ils ne voulaient à aucun prix se défaire.

C'est que les offres n'avaient cessé de se produire. Il en arrivait de tous les coins du monde. C'était comme une folie qui s'était emparée de certains cerveaux. Non! Il n'était pas possible qu'un pareil billet ne fût pas prédestiné à gagner le lot de cent mille marks. Il semblait qu'il n'y eût qu'un seul numéro dans cette loterie, et ce numéro, c'était le 9672! En somme, l'Anglais de Manchester et l'Américain de Boston tenaient toujours la corde. L'Anglais en était arrivé à distancer son rival de quelques livres. Mais, à son tour il fut bientôt dépassé de plusieurs centaines de dollars. La dernière surenchère était de huit mille marks. — ce qui ne pouvait s'expliquer que par une véritable monomanie, à moins qu'il ne s'agît là d'une question d'amour-propre entre l'Amérique et la Grande-Bretagne.

Quoi qu'il en soit, Hulda répondait négativement à toutes ces propositions, si avantageuses qu'elles fussent, — ce qui finit par provoquer les plus amères récriminations de dame Hansen.

« Et si je t'ordonnais de céder ce billet! dit-elle un jour à sa fille. Oui! si je te l'ordonnais!

— Ma mère, je serais désespérée, mais il me faudrait vous répondre par un refus!

— Et s'il le fallait, cependant!

— Pourquoi le faudrait-il? » demanda Joël.

Dame Hansen ne répliqua rien. Elle était devenue toute pâle devant cette question nettement posée, et elle se retira en murmurant d'inintelligibles paroles.

« Il y a quelque chose de grave, et ce doit être une affaire entre notre mère et Sandgoïst! dit Joël.

— Oui, mon frère. Il faut s'attendre à de fâcheuses complications pour l'avenir!

— Ma pauvre Hulda, ne sommes-nous donc pas assez éprouvés depuis quelques semaines, et quelle catastrophe nous menace encore?

— Ah! combien monsieur Sylvius tarde à revenir! dit Hulda. Quand il est ici, je me sens moins désespérée...

— Et, pourtant, que pourrait-il pour nous? » répondit Joël.

Mais qu'y avait-il donc dans le passé de dame Hansen qu'elle ne voulût pas confier à ses enfants? Quel amour-propre mal entendu l'empêchait de leur dire le motif de ses inquiétudes? Avait-elle quelque reproche à se faire? Et, d'autre part, pourquoi cette pression qu'elle voulait exercer sur sa fille, à propos du billet de Ole Kamp et de la valeur qu'il avait atteinte? D'où venait qu'elle se montrait si avide d'en toucher le prix en argent? Hulda et Joël allaient enfin l'apprendre.

Le 4 juillet, dans la matinée, Joël avait conduit sa sœur à la petite chapelle où Hulda allait prier chaque jour pour le naufragé.

Il l'attendait alors et la ramenait à la maison.

Ce jour là, en revenant, tous deux aperçurent de loin, sous les arbres, dame Hansen qui marchait rapidement et se dirigeait vers l'auberge.

Elle n'était pas seule. Un homme l'accompagnait, un homme qui devait parler à voix haute, et dont les gestes semblaient être impérieux.

Hulda et son frère s'étaient soudain arrêtés.

« Quel est cet homme? » dit Joël.

Hulda fit quelques pas en avant.

« Je le reconnais, dit-elle.

— Tu le reconnais?

— Oui! C'est Sandgoïst !

— Sandgoïst, de Drammen, qui est déjà venu à la maison pendant mon absence?...

— Oui!

— Et qui agissait en maître, comme s'il avait eu des droits... sur notre mère... sur nous, peut-être?...

— Lui-même, frère, et, ces droits, il vient sans doute pour les exercer aujourd'hui....

— Quels droits?... Ah!... cette fois je saurai ce que cet homme a la prétention de faire ici! »

Joël se contint, non sans peine, et, suivi de sa sœur, il alla se mettre un peu à l'écart.

Quelques minutes après, dame Hansen et Sandgoïst arrivaient à la porte de l'auberge. Sandgoïst en franchissait le seuil — le premier. La porte se refermait sur dame Hansen et sur lui, et tous deux s'installaient dans la grande salle.

Joël et Hulda se rapprochèrent de la maison, où la voix grondante de Sand-goïst se faisait entendre. Ils s'arrêtèrent, ils écoutèrent. Dame Hansen parlait alors, mais en suppliante.

« Entrons! » dit Joël.

Et tous deux, Hulda, le cœur oppressé, Joël, frémissant d'impatience, de colère aussi, entrèrent dans la grande salle, dont la porte fut soigneuse-ment refermée.

Sandgoïst était assis dans le grand fauteuil. Il ne se dérangea même pas en apercevant le frère et la sœur. Il se contenta de tourner la tête et de les regarder par-dessus ses lunettes.

« Ah! voici la charmante Hulda, si je ne me trompe! » dit-il d'un ton qui déplut à Joël.

Dame Hansen était debout devant cet homme, dans une humble et crain-tive attitude. Mais elle se redressa soudain et parut très contrariée à la vue de ses enfants.

« Et voilà son frère, sans doute? ajouta Sandgoïst.

— Oui, son frère, » répondit Joël.

Puis, s'avançant et s'arrêtant à deux pas du fauteuil

« Qu'y a-t-il pour votre service? » demanda-t-il.

Sandgoïst lui jeta un mauvais regard, et, de sa voix dure et méchante, sans se lever :

« Nous allon vous l'apprendre, jeune homme! dit-il. En vérité, vous arrivez à propos! J'avais hâte de vous voir, et, si votre sœur est raisonnable, nous finirons par nous entendre! — Mais asseyez-vous donc, vous aussi, jeune fille! »

Sandgoïst les invitait à s'asseoir, comme s'il eût été chez lui. Joël le lui fit observer.

« Ah! ah! Cela vous blesse! Diable, voilà un gars qui n'a pas l'air com-mode!

— Pas commode, comme vous dites, répliqua Joël, et qui n'accepte les politesses que de ceux qui ont le droit de les lui faire! »

— Joël ! dit dame Hansen.

— Frère !... frère ! » ajouta Hulda, dont le regard suppliait Joël de se contenir.

Celui-ci fit un violent effort pour se maîtriser, et, afin de ne point céder à l'envie de jeter à la porte ce grossier personnage, il se retira dans un coin de la salle.

« Puis-je parler, maintenant ? » demanda Sandgoïst.

Un signe affirmatif de dame Hansen, ce fut tout ce qu'il obtint. Mais, paraît-il, cela suffisait.

« Voici ce dont il s'agit, dit-il, et je vous prie de bien écouter tous trois, car je n'aime pas à revenir sur mes paroles ! »

Il s'exprimait, cela ne se voyait que trop, en homme qui se croyait le droit d'imposer sa volonté.

« J'ai appris par les journaux, reprit-il, l'aventure d'un certain Ole Kamp, un jeune marin de Bergen, et d'un billet de loterie qu'il a envoyé à sa fiancée Hulda, au moment où son navire le *Viken* allait faire naufrage. J'ai appris également que, dans le public, on regardait ce billet comme un billet surnaturel, à raison des circonstances dans lesquelles il avait été retrouvé. J'ai appris, en outre, qu'on lui attribuait une valeur spéciale dans les chances du tirage. Enfin, j'ai appris que des offres de rachat avaient été faites à Hulda Hansen, et même à des prix considérables. »

Il se tut un instant. Puis :

« Est-ce vrai ? » dit-il.

La réponse à cette dernière question se fit attendre.

« Oui !... C'est vrai, dit Joël. — Après ?

— Après ? reprit Sandgoïst. Voici : que toutes ces offres reposent sur une superstition absurde, c'est bien mon avis. Mais enfin, elles ne s'en sont pas moins produites et s'accroîtront encore, je le suppose, à mesure que le jour du tirage approchera. Or, je suis un commerçant, moi. J'estime qu'il y a là une affaire qu'il me conviendrait de prendre à mon compte. C'est pourquoi, hier, j'ai quitté Drammen pour venir à Dal, afin de traiter de la cession de ce billet et prier dame Hansen de me donner la préférence sur tous autres acquéreurs. »

Hulda, dans un premier mouvement, allait répondre à Sandgoïst comme

Sandgoïst était assis dans le grand fauteuil. (Page 126.)

elle l'avait fait à toutes demandes de ce genre, bien qu'il ne se fût point adressé directement à elle, lorsque Joël l'arrêta.

« Avant de répondre à monsieur Sandgoïst, dit-il, je lui demanderai s'il sait à qui appartient ce billet ?

— Mais à Hulda Hansen, j'imagine !

— Eh bien, c'est à Hulda Hansen qu'il faut demander si elle est disposée à s'en défaire !

Hulda retint son frère. (Page 131.)

— Mon fils !... dit dame Hansen.

— Laissez-moi achever, ma mère, reprit Joël. Ce billet n'appartenait-il pas légitimement à notre cousin Ole Kamp, et Ole Kamp n'avait-il pas le droit de le léguer à sa fiancée ?

— Incontestablement, répondit Sandgoïst.

— C'est donc à Hulda Hansen qu'il faut s'adresser pour l'avoir.

— Soit, monsieur le formaliste, répondit Sandgoïst. Je demande donc à

17

Hulda de me céder ce billet, portant le numéro 9672, qui lui vient de Ole Kamp.

— Monsieur Sandgoïst, répondit la jeune fille d'une voix ferme, bien des propositions m'ont été faites au sujet de ce billet, mais inutilement. Aussi je vous répondrai comme j'ai répondu jusqu'ici. Si mon fiancé m'a adressé ce billet avec son dernier adieu, c'est parce qu'il a voulu que je le garde, non que je le vende. Je ne puis donc m'en dessaisir à aucun prix. »

Cela dit, Hulda se disposait à se retirer, considérant que l'entretien, en ce qui la regardait, devait être terminé par son refus. Sur un geste de sa mère, elle s'arrêta.

Un mouvement de dépit était échappé à dame Hansen, et Sandgoïst, par le plissement de son front, l'éclair de ses yeux, montrait que la colère commençait à s'emparer de lui.

« Oui! Restez, Hulda, dit-il. Ce n'est pas votre dernier mot, et, si j'insiste, c'est que j'ai le droit d'insister. Je pense, d'ailleurs, que je me suis mal expliqué, ou plutôt, vous m'aurez mal compris. Il est certain que les chances de ce billet ne sont point accrues parce que la main d'un naufragé l'a enfermé dans une bouteille et qu'il a été fort à propos recueilli. Mais il n'y a pas à raisonner avec l'engouement du public. Nul doute que beaucoup de gens désirent en devenir possesseurs. Ils ont déjà offert de l'acheter, ils l'offriront encore. Je le répète, cela se présente comme une affaire, et c'est une affaire que je viens vous proposer.

—Vous aurez quelque peine à vous entendre avec ma sœur, monsieur, répondit ironiquement Joël. Quand vous lui parlez affaire, elle vous répond sentiment!

— Des mots tout cela, jeune homme! répondit Sandgoïst, et, quand mon explication sera terminée, vous verrez que, si c'est une affaire avantageuse pour moi, elle l'est aussi pour elle. J'ajoute qu'elle le sera également pour sa mère, dame Hansen, qui s'y trouve directement intéressée. »

Joël et Hulda se regardaient. Allaient-ils apprendre ce que dame Hansen leur avait caché jusqu'alors?

« Je reprends, dit Sandgoïst. Je n'ai pas prétendu que ce billet me fût cédé pour le prix qu'il a coûté à Ole Kamp. Non!... A tort ou à raison, il a acquis une certaine valeur marchande. Aussi, j'entends faire un sacrifice pour en devenir possesseur.

— On vous dit, répliqua Joël, que Hulda a déjà repoussé des propositions supérieures à tout ce que vous pourriez offrir...

— Vraiment! s'écria Sandgoïst. Des propositions supérieures! Et qu'en savez-vous?

— D'ailleurs, quelles qu'elles soient, ma sœur les refuse, et j'approuve son refus!

— Ah ça, ai-je affaire à Joël ou à Hulda Hansen?

— Ma sœur et moi, nous ne faisons qu'un, répondit Joël. Apprenez-le, monsieur, puisque vous semblez ne pas le savoir! »

Sandgoïst, sans se déconcerter, haussa les épaules. Puis, en homme sûr de ses arguments, il reprit :

« Quand j'ai parlé d'un prix en échange du billet, j'aurais dû dire que j'ai à vous offrir des avantages tels que, dans l'intérêt de sa famille, Hulda ne pourra les rejeter.

— Vraiment!

— Et maintenant, mon garçon, sachez, à votre tour, que je ne suis pas venu à Dal pour prier votre sœur de me céder ce billet! Non! Mille diables, non!

— Que demandez-vous alors?

— Je ne demande pas, j'exige... je veux!...

— Et de quel droit, s'écria Joël, de quel droit, vous, un étranger, osez-vous parler ainsi dans la maison de ma mère?

— Du droit qu'a tout homme, répondit Sandgoïst, de parler quand il lui plaît et comme il lui plaît, lorsqu'il est chez lui!

— Chez lui! »

Joël, au comble de l'indignation, marcha vers Sandgoïst, qui, bien qu'il ne s'effrayât pas facilement, s'était vivement rejeté hors du fauteuil. Mais Hulda retint son frère, pendant que dame Hansen, la tête cachée dans ses mains, reculait à l'autre extrémité de la salle.

« Frère!... regarde-la!... » dit la jeune fille.

Joël s'arrêta soudain. La vue de sa mère avait paralysé sa fureur. Tout, dans son attitude, disait à quel point dame Hansen était au pouvoir de ce Sandgoïst!

Celui-ci reprit le dessus en voyant l'hésitation de Joël et revint à la place qu'il occupait.

« Oui, chez lui! s'écria-t-il d'une voix plus menaçante encore. Depuis la mort de son mari, dame Hansen s'est jetée dans des spéculations qui n'ont point réussi. Elle a compromis le peu de fortune qu'avait laissé votre père en mourant. Il lui a fallu emprunter chez un banquier de Christiania. A bout de ressources, elle a offert cette maison en garantie d'une somme de quinze mille marks qui lui a été prêtée par obligation bien en règle obligation que, moi, Sandgoïst, j'ai rachetée de son prêteur. Cette maison sera donc la mienne, et très prochainement, si je ne suis pas payé à l'échéance.

— Quand cette échéance? demanda Joël.

— Le 20 juillet, dans dix-huit jours, répondit Sandgoïst. Et ce jour-là, que cela vous plaise ou non, je serai ici chez moi!

— Vous ne serez chez vous, à cette date, que si vous n'avez pas été remboursé d'ici là! riposta Joël. Je vous défends donc de parler comme vous le faites devant ma mère et devant ma sœur!

— Il me défend!... à moi!... s'écria Sandgoïst. Et sa mère me le défend-elle?

— Mais parlez donc, ma mère! dit Joël, en allant vers dame Hansen, dont il voulut écarter les mains.

— Joël!... Mon frère!... s'écria Hulda... Par pitié pour elle... je t'en supplie... calme-toi! »

Dame Hansen, la tête courbée, n'osait plus regarder son fils. Il n'était que trop vrai, quelques années après la mort de son mari, elle avait tenté d'accroître sa fortune en des affaires hasardeuses. Le peu d'argent dont elle disposait s'était promptement dissipé. Bientôt il lui avait fallu recourir aux emprunts ruineux. Et maintenant, une obligation, hypothéquée sur sa maison, était passée aux mains de ce Sandgoïst, de Drammen, un homme sans cœur, un usurier bien connu, détesté dans le pays. Dame Hansen ne l'avait vu pour la première fois que le jour où il était venu à Dal afin d'évaluer la valeur de l'auberge.

Ainsi donc, voilà quel était le secret qui pesait sur sa vie! Voilà quelle était l'explication de son attitude, et pourquoi elle vivait à l'écart, comme si elle eût voulu se cacher de ses enfants! Voilà enfin ce qu'elle n'avait jamais voulu dire à ceux dont elle avait compromis l'avenir.

Hulda osait à peine songer à ce qu'elle venait d'entendre. Oui! Sandgoïst était bien le maître d'imposer ses volontés! Ce billet qu'il voulait avoir aujourd'hui, il n'aurait plus de valeur dans quinze jours, et, si elle ne le livrait pas, c'était la ruine, c'était la maison vendue, c'était la famille Hansen sans domicile, sans ressources,... C'était la misère.

Hulda n'osait pas lever les yeux sur Joël. Mais Joël, emporté par la colère, ne voulut rien entendre des menaces de l'avenir. Il ne voyait que Sandgoïst, et, si cet homme parlait encore comme il l'avait fait devant lui, il ne pourrait plus se maîtriser...

Sandgoïst, se sachant le maître de la situation, devint plus dur, plus impérieux encore.

« Ce billet, je le veux, et je l'aurai! répéta-t-il. En échange, je n'offre pas un prix qu'il est impossible d'établir; mais j'offre de reculer l'échéance de l'obligation souscrite par dame Hansen, de la reculer d'un an.., de deux ans!... Fixez vous-même la date, Hulda! »

Hulda, le cœur étreint par l'angoisse, n'aurait pu répondre. Son frère répondit pour elle et s'écria :

« Le billet de Ole Kamp ne peut être vendu par Hulda Hansen! Ma sœur refuse donc, quelles que soient vos prétentions et vos menaces! Et maintenant, sortez!

— Sortir! dit Sandgoïst. Eh bien, non!... Je ne sortirai pas!... Et si l'offre que j'ai faite n'est pas suffisante... j'irai plus loin!... Oui!... contre la remise du billet, j'offre... j'offre... »

Il fallait que Sandgoïst eût vraiment une irrésistible désir de posséder ce billet, il fallait qu'il fût bien convaincu que l'affaire serait avantageuse pour lui, car il alla s'asseoir devant la table, où se trouvait du papier, une plume et de l'encre. Un instant après :

« Voilà ce que j'offre! » dit-il

C'était une quittance de la somme due par dame Hansen, et pour laquelle elle avait donné en garantie la maison de Dal.

Dame Hansen, les mains suppliantes, à demi-courbée, regardait, implorait sa fille...

« Et maintenant, reprit Sandgoïst, ce billet... je le veux !... Je le veux aujourd'hui... à l'instant !... Je ne quitterai pas Dal sans l'emporter !... Je le veux, Hulda !... Je le veux ! »

Sandgoïst s'était approché de la pauvre fille, comme s'il eût voulu la fouiller pour lui arracher le billet de Ole...

Ce fut là plus que ne put supporter Joël, surtout quand il entendit Hulda crier :

« Frère !... frère !

— Sortirez-vous ! » dit-il.

Et, comme Sandgoïst refusait de sortir, il allait s'élancer sur lui, lorsque Hulda intervint.

« Ma mère, voici le billet ! » dit-elle.

Dame Hansen avait vivement saisi le billet, et, pendant qu'elle l'échangeait contre la quittance de Sandgoïst, Hulda tombait sur le fauteuil, presque sans connaissance.

« Hulda !... Hulda !... s'écria Joël. Reviens à toi !... Ah ! ma sœur, qu'as-tu fait ?

— Ce qu'elle a fait ? répondit dame Hansen. Ce qu'elle a fait ?... Oui, je suis coupable ! Oui ! dans l'intérêt de mes enfants, j'ai voulu accroître le bien de leur père ! Oui ! J'ai compromis l'avenir ! J'ai appelé la misère sur cette maison... Mais Hulda nous a sauvés tous !... Voilà ce qu'elle a fait !... Merci, Hulda... merci ! »

Sandgoïst était toujours là. Joël l'aperçut.

« Vous... ici... encore ! » s'écria-t-il.

Puis, allant vers Sandgoïst, il le prit par les épaules, il le souleva, et, malgré sa résistance, malgré ses cris, il le jeta dehors.

XV

Le lendemain, Sylvius Hog revint à Dal dans la soirée. Il ne dit rien de son voyage. Personne ne sut qu'il était allé à Bergen. Tant que les recherches commencées n'auraient pas donné un résultat quelconque, il voulait les taire à la famille Hansen. Toute lettre ou dépêche, qu'elle vînt de Bergen ou de Christiania, devait lui être adressée personnellement à l'auberge, où il se proposait d'attendre les événements. Espérait-il toujours? Oui! mais il fallait bien l'avouer, ce n'était plus que du pressentiment.

Dès qu'il fut de retour, le professeur n'eut pas de peine à reconnaître qu'un événement grave s'était passé pendant son absence. L'attitude de Joël et de Hulda indiquait clairement qu'une explication avait dû avoir lieu entre leur mère et eux. Un nouveau malheur venait-il donc de frapper la famille Hansen?

Cela ne put qu'affliger profondément Sylvius Hog. Il éprouvait pour le frère et la sœur une affection si paternelle qu'il n'eût pas été plus étroitement attaché à ses propres enfants. Combien lui avaient-ils manqué pendant cette courte absence, — et, peut-être, combien leur avait-il manqué lui-même!

« Ils parleront! se dit-il. Il faudra qu'ils parlent! Ne suis-je donc pas de la famille! »

Oui! Sylvius Hog se croyait le droit, maintenant, d'intervenir dans la vie privée de ses jeunes amis, de savoir pourquoi Joël et Hulda paraissaient plus malheureux qu'ils ne l'étaient au moment de son départ. Il ne tarda pas à l'apprendre.

En effet, tous deux ne demandaient qu'à se confier à l'excellent homme qu'ils aimaient d'une affection filiale. Ils attendaient, pour ainsi dire, qu'il lui convînt de les interroger. Depuis deux jours, ils s'étaient sentis tellement

Sylvius Hog avait écouté ce triste récit. (Page 139.)

abandonnés! d'autant plus que Sylvius Hog n'avait point dit où il allait.
Non! jamais heures ne leur avaient paru plus longues! Pour eux, cette
absence ne pouvait se rapporter aux recherches du *Viken*, et il ne leur serait
pas venu à la pensée que Sylvius Hog eût voulu cacher ce voyage pour leur
épargner une suprême désillusion en cas d'insuccès.

Et maintenant, combien sa présence leur était plus que jamais nécessaire!
Quel besoin ils éprouvaient de le voir, de prendre ses conseils, d'entendre

« Il fallait vous adresser à vos amis. » (Page 142.)

sa voix toujours si affectueuse, si rassurante ! Mais oseraient-ils lui dire ce qui s'était passé entre eux et l'usurier de Drammen, et comment dame Hansen avait compromis l'avenir de la maison? Que penserait Sylvius Hog, quand il apprendrait que le billet n'était plus entre les mains de Hulda, lorsqu'il saurait que dame Hansen l'avait employé à se libérer vis-à-vis de son impitoyable créancier?

Il allait l'apprendre, cependant. Qui commença à parler, de Sylvius Hog ou de Joël et de Hulda, on ne sait. Mais peu importe! Ce qui est certain, c'est que le professeur fut bientôt au courant de l'affaire. Il sut quelle avait été la situation de dame Hansen et de ses enfants! Dans quinze jours, l'usurier les aurait chassés de l'auberge de Dal, si la dette n'eût été éteinte par la cession du billet.

Sylvius Hog avait écouté ce triste récit que lui fit Joël en présence de sa sœur :

« Il ne fallait pas vous dessaisir du billet ! s'écria-t-il tout d'abord. Non !... il ne le fallait pas !

— Le pouvais-je, monsieur Sylvius? répondit la jeune fille, profondément troublée.

— Eh non! sans doute !... Vous ne le pouviez pas !... Et pourtant !... Ah ! si j'avais été là ! »

Et qu'aurait-il fait, s'il eût été là, le professeur Sylvius Hog? Il n'en dit rien et reprit :

« Oui, ma chère Hulda, oui, Joël! En somme, vous avez fait ce que vous deviez faire! Mais ce qui m'enrage, c'est que ce sera Sandgoïst qui profitera de l'engouement superstitieux du public! Si l'on attribue au billet du pauvre Ole une valeur surnaturelle, c'est lui qui va l'exploiter! Et cependant, de croire que ce numéro 9672 sera nécessairement favorisé par le sort, c'est ridicule, absurde ! Enfin, pour conclure, moi je n'aurais peut-être pas donné le billet. Après l'avoir refusé à Sandgoïst, Hulda aurait mieux fait de le refuser à sa mère ! »

A tout ce que venait de dire Sylvius Hog, le frère et la sœur ne purent rien répondre. En remettant le billet à dame Hansen, Hulda avait obéi à un sentiment filial dont on ne pouvait la blâmer. Le sacrifice auquel elle s'était résolue, ce n'était pas le sacrifice des chances plus ou moins aléatoires que représentait ce billet dans le tirage de la loterie de Christiania, c'était le sacrifice des dernières volontés de Ole Kamp, c'était l'abandon du dernier souvenir de son fiancé.

Enfin, il n'y avait plus à y revenir maintenant. Sandgoïst avait le billet. Il lui appartenait. Il le mettrait aux enchères. Un méchant usurier allait battre monnaie avec ce touchant adieu du naufragé! Non! Sylvius Hog ne pouvait se faire à cela!

Aussi, ce jour même, Sylvius Hog voulut-il avoir à ce sujet une conversation avec dame Hansen, conversation qui ne pouvait rien changer à l'état des choses, mais devenue pour ainsi dire nécessaire entre eux. Il se trouva, d'ailleurs, en face d'une femme très pratique, qui, à n'en pas douter, avait plus de bon sens que de cœur.

« Ainsi, vous me blâmez, monsieur Hog? dit-elle, après avoir laissé le professeur parler tout à son aise.

— Certainement, dame Hansen.

— Si vous me reprochez de m'être imprudemment lancée dans de mauvaises affaires, d'avoir compromis la fortune de mes enfants, vous avez raison. Mais, si vous me reprochez d'avoir agi comme je l'ai fait pour me libérer, vous avez tort. — Qu'avez-vous à répondre?

— Rien.

— Sérieusement, fallait-il refuser l'offre de Sandgoïst qui, en fin de compte, a payé quinze mille marks cette cession d'un billet dont la valeur ne repose sur rien. Je vous le redemande, fallait-il refuser?

— Oui et non, dame Hansen.

— Ce n'est pas oui et non, monsieur Hog, c'est non. Dans la situation que vous connaissez, si l'avenir n'eût pas été aussi menaçant — par ma faute, j'en conviens — j'aurais compris le refus de Hulda!... Oui!... j'aurais compris qu'elle ne voulût céder à aucun prix le billet qu'elle avait reçu de Ole Kamp! Mais, quand il s'agissait d'être expulsée dans quelques jours d'une maison où mon mari est mort, où mes enfants sont nés, je ne le comprends plus, et vous-même, monsieur Hog, à ma place, vous n'eussiez pas agi autrement!

— Si, dame Hansen, si !

— Et qu'auriez-vous fait ?

— J'aurais tout tenté plutôt que de sacrifier le billet que ma fille avait reçu dans de pareilles circonstances !

— Ces circonstances le rendent-elles donc meilleur ?

— Ni vous, ni moi, personne n'en sait rien.

— On le sait, au contraire, monsieur Hog ! Ce billet n'est rien qu'un billet qui a neuf cent quatre-vingt-dix-neuf mille neuf cent quatre-vingt-dix-neuf chances de perdre contre une de gagner. Lui attribuez-vous donc plus de valeur parce qu'il a été trouvé dans une bouteille recueillie en mer ? »

A cette question si précise, Sylvius Hog ne pouvait qu'être très embarrassé de répondre. Aussi revint-il au côté « sentiment » de l'affaire, en disant :

« La situation est celle-ci, à présent. Ole Kamp, au moment du naufrage, a légué à Hulda le seul bien qui lui restât au monde ! Il lui a même recommandé d'être là, le jour du tirage, avec ce billet, si quelque heureuse chance le lui avait fait parvenir... et maintenant, ce billet n'est plus entre les mains de Hulda.

— Ole Kamp eût été de retour, répondit dame Hansen, qu'il n'aurait pas hésité à céder son billet à Sandgoïst !

— C'est possible, reprit Sylvius Hog, mais lui seul avait le droit de le faire. Et que lui répondriez-vous, s'il n'était pas mort, s'il n'avait pas péri dans ce naufrage,... s'il revenait... demain... aujourd'hui...

— Ole ne reviendra pas, répondit dame Hansen d'une voix sourde. Ole est mort, monsieur Hog, et bien mort !

— Vous n'en savez rien, dame Hansen ! s'écria le professeur avec un accent de conviction vraiment extraordinaire. Des recherches très sérieuses sont commencées pour retrouver quelque survivant du naufrage ! Elles peuvent aboutir — oui ! aboutir même avant que le tirage de cette loterie ait eu lieu ! Vous n'avez donc pas le droit de dire que Ole Kamp est mort, tant qu'il n'y aura pas de preuves certaines qu'il ait péri dans la catastrophe du *Viken !* Si, maintenant, je ne parle plus avec cette assurance à vos enfants, c'est que je ne veux pas leur donner un espoir qui peut amener de bien douloureuses déceptions! Mais à vous, dame Hansen, je vous dis ce que je pense! Et que Ole soit mort, non! je ne peux pas le croire! Non!... je ne veux pas le croire!... Non! je n'y crois pas! »

Dame Hansen, sur ce terrain, où la discussion avait été transportée, ne pouvait plus lutter avec le professeur. Aussi se taisait-elle, et cette Norvégienne, quelque peu superstitieuse au fond, baissait la tête, comme si Ole Kamp eût été prêt à apparaître devant elle.

« En tout cas, dame Hansen, reprit Sylvius Hog, avant de disposer du billet de Hulda, il y avait une chose très simple à faire, et vous ne l'avez pas faite.

— Laquelle, monsieur Hog?

— Il fallait vous adresser d'abord à vos amis, aux amis de votre famille. Ils n'auraient point refusé de vous venir en aide, soit en se substituant à Sandgoïst dans sa créance, soit en vous avançant la somme nécessaire pour le payer!

— Je n'ai point d'amis, monsieur Hog, auxquels j'eusse pu demander ce service!

— Si, vous en avez, dame Hansen, et j'en connais au moins un, qui l'eût fait sans hésiter et comme un acte de reconnaissance.

— Et quel est-il?

— Sylvius Hog, député au Storthing! »

Dame Hansen ne put rien répondre, et elle se contenta de s'incliner devant le professeur.

« Mais ce qui est fait est fait — malheureusement! ajouta Sylvius Hog. Je vous serai donc obligé, dame Hansen, de ne rien dire à vos enfants de cette conversation sur laquelle il n'y aura plus lieu de revenir! »

Et tous deux se séparèrent.

Le professeur avait repris sa vie habituelle et recommencé ses promenades quotidiennes. Pendant quelques heures, il visitait avec Joël et Hulda les environs de Dal, mais sans aller trop loin, afin de ne point fatiguer la jeune fille. Rentré dans sa chambre, il se remettait à sa correspondance qui ne laissait pas d'être importante. Il écrivait lettres sur lettres à Bergen, à Christiania. Il stimulait le zèle de tous ceux qui concouraient maintenant à cette bonne œuvre de la recherche du *Viken*. Son existence se concentrait dans cette unique pensée : retrouver Ole, retrouver Ole !

Il crut même devoir s'absenter encore, pendant vingt-quatre heures, pour un motif, qui, sans doute, devait se rattacher à cette affaire qui intéressait la famille Hansen. Mais il garda, comme toujours, un secret absolu sur ce qu'il faisait ou faisait faire à ce sujet.

Cependant la santé de Hulda, si durement éprouvée ne se rétablissait que bien lentement. La pauvre fille ne vivait que du souvenir de Ole, et l'espoir qu'elle mêlait parfois à ce souvenir s'affaiblissait de jour en jour. Et, pourtant, elle avait alors près d'elle les deux êtres qu'elle aimait le plus au monde, et l'un d'eux ne cessait de l'encourager. Mais cela suffisait-il ? N'aurait-il pas fallu la distraire à tout prix ? Et comment l'arracher à ces pensées auxquelles se prenait toute son âme, ces pensées qui la rattachaient comme par une chaîne de fer au naufragé du *Viken* ?

Ainsi l'on arriva au 12 juillet.

C'était dans quatre jours que devait être tirée la loterie des Écoles de Christiania.

Il va sans dire que la spéculation, tentée par Sandgoïst, avait été portée à la connaissance du public. Par ses soins, les journaux avaient annoncé que le « célèbre et providentiel billet » portant le numéro 9672, était maintenant entre les mains de monsieur Sandgoïst, de Drammen, et que ce billet, mis en vente, appartiendrait au plus offrant. Et, si monsieur Sandgoïst était possesseur dudit billet, c'est qu'il l'avait acheté fort cher à Hulda Hansen.

On le comprend, cette annonce ne pouvait que diminuer singulièrement la jeune fille dans l'estime publique. Quoi ! Hulda, séduite par un haut prix, s'était décidée à vendre le billet du naufragé, le billet de son fiancé Ole Kamp ! Elle avait fait argent de ce dernier souvenir !

Mais une note, parue très à propos dans le *Morgen Blad*, mit ses lecteurs au courant de ce qui s'était passé. On sut de quelle nature avait été l'intervention de Sandgoïst et comment le billet se trouvait maintenant entre ses

Le lac apparaissait dans toute sa beauté matinale. (Page 147.)

mains. Ce fut sur l'usurier de Drammen que retomba la réprobation publique, ce créancier sans cœur, qui n'avait pas craint d'utiliser à son profit les malheurs de la famille Hansen. Et alors il arriva ceci : c'est que, comme par une entente générale, les offres qui s'étaient produites lorsque Hulda possédait encore le billet ne se renouvelèrent plus vis-à-vis du nouveau possesseur. Il semblait que ledit billet n'avait plus la valeur surnaturelle qu'on lui attribuait depuis que ce Sandgoïst l'avait souillé de son attouchement. Donc,

La calèche arriva à l'*Hôtel Victoria*. (Page 154.)

Sandgoïst n'avait fait là qu'une très mauvaise affaire, et le fameux numéro 9672 menaçait de lui rester pour compte.

Il va sans dire que ni Hulda ni même Joël n'étaient au courant de ce qui se disait. Heureusement! Il leur eût été bien pénible de se savoir mêlés à cette affaire, qui avait pris une tournure si mercantile entre les mains de l'usurier.

Le 12 juillet, vers le soir, une lettre arriva à l'adresse du professeur Sylvius Hog.

Cette lettre, envoyée par la Marine, en contenait une autre, qui était datée de Christiansand, petit port situé à l'entrée du golfe de Christiania. Sans doute, elle n'apprit rien de nouveau à Sylvius Hog, car il la serra dans sa poche et n'en parla ni à Joël ni à sa sœur.

Seulement, au moment de se retirer dans sa chambre en leur donnant le bonsoir, il dit :

« Vous le savez, mes enfants, c'est dans trois jours que sera tirée la loterie. Est-ce que vous ne comptez pas assister à ce tirage?

— A quoi bon, monsieur Sylvius? répondit Hulda.

— Cependant, reprit le professeur, Ole a voulu que sa fiancée y assistât; il en a fait l'expresse recommandation dans les dernières lignes qu'il a écrites, et je pense qu'il faut obéir aux dernières volontés de Ole.

— Mais ce billet, Hulda ne l'a plus, répondit Joël, et qui sait entre quelles mains il est allé!

— N'importe, répondit Sylvius Hog. Je vous demande donc à tous deux de m'accompagner à Christiania.

— Vous le voulez, monsieur Sylvius? répondit la jeune fille.

— Ce n'est pas moi, chère Hulda, c'est Ole qui le veut, et il faut obéir à Ole.

— Sœur, monsieur Sylvius a raison, répondit Joël. Oui ! il le faut ! — Quand comptez-vous partir, monsieur Sylvius?

— Demain, dès l'aube, et que saint Olaf nous protège ! »

XVI

Le lendemain, la kariol du contremattre Lengling emportait Sylvius Hog et Hulda, assis côte à côte dans la petite caisse peinturlurée. On le sait, il n'y avait pas de place pour Joël. Aussi le brave garçon allait-il à pied, près du cheval, qui secouait gaiement la tête.

Quatorze kilomètres entre Dal et Mœl, ce n'était pas pour embarrasser ce vigoureux marcheur.

La kariol suivait donc cette charmante vallée du Vestfjorddal, en côtoyant la rive gauche du Maan, — vallée étroite et ombreuse, arrosée de mille cascades rebondissantes, qui tombent de toutes hauteurs. A chaque détour de ce chemin sinueux, on revoyait et on perdait de vue la cime du Gousta, marquée de deux brillantes taches de neige.

Le ciel était pur, le temps magnifique. De l'air pas trop vif, du soleil pas trop chaud.

Remarque singulière, depuis que Sylvius Hog avait quitté la maison de Dal, il semblait que sa figure se fût rassérénée. Sans doute, il se « forçait » un peu, afin que ce voyage fût au moins une distraction aux chagrins de Hulda et de Joël.

Deux heures et demie, il n'en fallut pas davantage pour atteindre Mœl, à l'extrémité du lac Tinn, où devait s'arrêter la kariol. Elle n'aurait pu aller plus loin, à moins d'être une voiture flottante. En ce point de la vallée commence, en effet, le chemin des lacs. Là se trouve ce qu'on appelle un « vandskyde, » c'est-à-dire, un relais d'eau. Là, enfin, attendent ces fragiles embarcations qui font le service du Tinn dans sa longueur comme dans sa largeur.

La kariol s'arrêta près de la petite église du hameau, au bas d'une chute de plus de cinq cents pieds. Cette chute, visible sur un cinquième de son parcours, se perd en quelque profonde crevasse de la montagne, avant d'être absorbée par le lac.

Deux bateliers se trouvaient sur l'extrême pointe de la rive. Une barque en écorce de bouleau, dont l'équilibre, absolument instable, ne permet pas un mouvement d'un bord sur l'autre aux voyageurs qu'elles transporte, était prête à démarrer.

Le lac apparaissait alors dans toute sa beauté matinale. Le soleil, à son lever, avait bu les vapeurs de la nuit. On n'aurait pu souhaiter une plus belle journée d'été.

« Vous n'êtes pas trop fatigué, mon brave Joël? demanda le professeur, dès qu'il fut descendu de la kariol.

— Non, monsieur Sylvius. Ne suis-je pas habitué à ces longues courses à travers le Telemark?

— C'est juste! — Dites-moi, savez-vous quelle est la route la plus directe pour aller de Mœl à Christiania?

— Parfaitement, monsieur Sylvius. Une fois arrivés à l'extrémité du lac, à Tinoset... — Par exemple, je ne sais pas si nous y trouverons une kariol, faute d'avoir envoyé des « forbuds » pour prévenir de notre arrivée au relais, comme on fait d'habitude dans le pays...

— Soyez tranquille, mon garçon, répondit le professeur, j'ai prévu le cas. Mon intention n'est point de vous obliger à faire la route à pied de Dal à Christiania.

— S'il le fallait... dit Joël.

— Il ne le faudra pas. Revenons à notre itinéraire, et dites-moi comment vous le comprenez.

— Eh bien, une fois à Tinoset, monsieur Sylvius, nous contournerons le lac Fol, en passant par Vik et Bolkesjö, de manière à gagner Möse, et de là, Kongsberg, Hangsund et Drammen. Si nous voyageons de nuit comme de jour, il ne sera pas impossible d'arriver demain, dans l'après-midi, à Christiania.

— Très bien, Joël! Je vois que vous connaissez le pays, et voilà, en vérité, un agréable itinéraire!

— C'est le plus court.

— Eh bien, Joël, je me moque du plus court, vous m'entendez! répondit Sylvius Hog. J'en sais un autre qui n'allonge le voyage que de quelques heures! Et celui-là, vous le connaissez, mon garçon, bien que vous n'en parliez pas!

— Et lequel?

— C'est celui qui passe par Bamble!

— Par Bamble?

— Oui, Bamble! Faites donc l'ignorant! Bamble, où demeure le fermier Helmboë et sa fille Siegfrid!

— Monsieur Sylvius!...

— C'est celui-là que nous prendrons, et, en contournant le lac Fol par le sud au lieu de le contourner par le nord, est-ce que nous n'atteindrons pas tout aussi bien Kongsberg?

— Tout aussi bien, et même mieux ! répondit Joël en souriant.

— Merci pour mon frère, monsieur Sylvius! dit la jeune fille.

— Et pour vous aussi, petite Hulda, car j'imagine que cela vous fera plaisir de revoir en passant votre amie Siegfrid! »

L'embarcation était prête. Tous trois y prirent place sur un monceau de feuilles vertes, entassées à l'arrière. Les deux bateliers, ramant et gouvernant à la fois, poussèrent au large.

A mesure qu'on s'éloigne de la rive, le lac Tinn commence à s'arrondir depuis Hækenoës, petit gaard de deux ou trois maisons, bâti sur ce promontoire rocheux que baigne l'étroit fiord dans lequel se déversent paisiblement les eaux du Maan. Le lac est encore très encaissé ; mais, peu à peu, l'arrière-plan des montagnes recule, et l'on ne se rend compte de leur hauteur qu'au moment où une embarcation passe à leur base, sans paraître plus grosse qu'un oiseau aquatique.

De çà et de là émergent une douzaine d'îles ou d'îlots, arides ou verdoyants, avec quelques huttes de pêcheurs. A la surface du lac flottent des troncs d'arbres non équarris et des trains de poutres débités par les scieries du voisinage.

Ce qui fit dire en plaisantant à Sylvius Hog, — et il fallait qu'il eût bien envie de plaisanter :

« Si, selon nos poètes scandinaves, les lacs sont les yeux de la Norvège, il faut convenir que la Norvège a plus d'une poutre dans l'œil, comme dit la Bible! »

Vers quatre heures, l'embarcation arrivait à Tinoset, simple hameau des moins confortables. Peu importait, d'ailleurs. L'intention de Sylvius Hog n'était point de s'y arrêter, même une heure. Ainsi qu'il l'avait dit à Joël, un véhicule l'attendait sur la rive. En prévision de ce voyage, depuis longtemps décidé dans son esprit, il avait écrit à M. Benett, de Christiania, de lui assurer les moyens de voyager sans retards ni fatigues. C'est pourquoi, au jour dit, une vieille calèche se trouvait à Tinoset, son coffre bien garni de comestibles. Donc, transport garanti pour tout le parcours, nourriture également assurée, — ce qui dispensait de recourir aux œufs à demi couvés, au lait caillé et au brouet spartiate des gaards du Telemark.

Tinoset est situé presque à l'extrémité du lac Tinn. De là, par une assez belle chute, le Maan se précipite dans la vallée inférieure, où il retrouve son cours régulier. Les chevaux, venus du relais, étaient déjà attelés, et la voiture prit aussitôt la direction de Bamble.

A cette époque, c'était la seule manière de parcourir la Norvège en général et le Telemark en particulier. Et peut-être les chemins de fer feront-ils regretter aux touristes la kariol nationale et les calèches de M. Benett!

Il va sans dire que Joël connaissait parfaitement cette portion du bailliage qu'il avait si souvent traversée entre Dal et Bamble.

Il était huit heures du soir, lorsque Sylvius Hog, le frère et la sœur arrivèrent dans cette petite localité.

On ne les y attendait pas; mais le fermier Helmboë ne leur en fit pas moins le meilleur accueil. Siegfrid embrassa tendrement son amie qu'elle trouva bien pâlie par tant de douleurs. Pendant quelques instants les deux jeunes filles restèrent seules à échanger leurs peines.

« Je t'en prie, chère Hulda, dit Siegfrid, ne te laisse pas abattre par ton chagrin! Moi, je n'ai pas perdu confiance! Pourquoi renoncer à tout espoir de revoir notre pauvre Ole! Nous avons appris par les journaux qu'on s'occupait de retrouver le *Viken!* Les recherches réussiront!... Tiens! je suis sûre que monsieur Sylvius espère encore!... Hulda... ma chérie... je t'en supplie... ne désespère pas! »

Pour toute réponse, Hulda ne pouvait que pleurer, et Siegfrid la pressait sur son cœur.

Ah! quelle joie eût régné dans la maison du fermier Helmboë, au milieu de ces braves gens, simples et bons, si tout ce petit monde avait eu le droit d'être heureux!

« Ainsi, vous allez directement à Christiania? demanda le fermier à Sylvius Hog.

« — Oui, monsieur Helmboë!

— Pour assister au tirage de la loterie?

— Sans doute.

— A quoi bon, puisque le billet de Ole Kamp est maintenant entre les mains de ce misérable Sandgoïst!

— C'était la volonté de Ole, répondit le professeur, et il faut respecter sa volonté.

— On dit que l'usurier de Drammen n'a pu trouver acquéreur pour ce billet qui lui coûte cher!

— On le dit, en effet, monsieur Helmboë.

— Bon! Il n'a que ce qu'il mérite, ce vilain homme, ce coquin, monsieur Hog, oui!... ce coquin!... Et c'est bien

— Oui, en vérité, monsieur Helmboë, c'est bien fait! »

Naturellement, il fallut souper à la ferme. Siegfrid ni son père n'auraient laissé partir leurs amis avant qu'ils n'eussent accepté cette invitation. Mais il importait de ne pas s'attarder, si l'on voulait regagner pendant la nuit les quelques heures perdues par le détour de Bamble. Aussi, à neuf heures, les chevaux avaient-ils été amenés du relais par un des garçons du gaard, qui s'occupa de les atteler.

« A ma prochaine visite, cher monsieur Helmboë, dit Sylvius Hog au fermier, je resterai six heures à table, si vous l'exigez! Mais, aujourd'hui, je vous demanderai la permission de remplacer le dessert par une bonne poignée de mains que vous me donnerez, et par un bon baiser que votre charmante Siegfrid donnera à ma petite Hulda! »

Cela fait, on partit.

Sous cette latitude élevée, le crépuscule devait se prolonger pendant quelques heures encore. Aussi, l'horizon resta-t-il assez visible, après le coucher du soleil, tant l'atmosphère était pure.

C'est une belle route, assez accidentée, celle qui va de Bamble à Kongsberg, en passant par Hitterdal et le sud du lac Fol. Elle traverse ainsi toute la portion méridionale du Telemark, en desservant les bourgs, hameaux ou gaards des environs.

Une heure après le départ, Sylvius Hog, sans s'y arrêter, put apercevoir l'église d'Hitterdal, un vieil édifice très curieux, coiffé de pinacles qui se hissent les uns sur les autres, sans souci de la régularité des lignes. Le tout est en bois, depuis les murs faits de poutres jointives et de planches imbriquées, jusqu'à l'extrême pointe du dernier clocheton. Cet amoncellement de poivrières est, paraît-il, un monument vénérable et vénéré de l'architecture scandinave du treizième siècle.

La nuit vint peu à peu, une de ces nuits qui sont encore imprégnées des dernières lueurs du jour; mais, vers une heure du matin, elle allait se fondre dans l'aube naissante.

Joël, assis sur le siège de devant, était absorbé dans ses réflexions. Hulda restait pensive au fond de la voiture. Quelques paroles furent alors échangées entre Sylvius Hog et le postillon, auquel le professeur recommanda de presser ses chevaux. On n'entendit plus ensuite que les grelots de l'attelage, le claquement du fouet et le grincement des roues sur un sol raviné.

On marcha toute la nuit, sans relayer. Il ne fut pas nécessaire de s'arrêter à Listhüs, inconfortable station, perdue au milieu d'un cirque de montagnes sapineuses, que circonscrit un second périmètre de montagnes arides et sauvages. On dépassa aussi Tiness, petit gaard pittoresque, dont quelques maisons sont juchées sur des pilotis de pierres. La calèche roulait assez rapidement avec son bruit de ferraille, son cliquetis de boulons desserrés et de ressorts distendus. Il n'y eut pas un reproche à adresser au conducteur, — un bon vieux qui dormait à moitié en secouant ses guides. Machinalement, il allongeait quelques coups de fouet, pas méchants, mais de préférence au cheval de gauche. Cela tenait à ce que, si le cheval de droite lui appartenait, l'autre était la propriété de son voisin du gaard.

A cinq heures du matin, Sylvius Hog ouvrit les yeux, étendit les bras, et put respirer avec délices la pénétrante senteur des sapins qui parfumait l'atmosphère.

On était à Kongsberg. La voiture traversa le pont jeté sur le Laagen, et vint s'arrêter au delà, après avoir passé près de l'église, non loin de la chute de Larbrö.

« Mes amis, dit Sylvius Hog, si vous le voulez, nous ne ferons que relayer ici. Il est encore trop tôt pour déjeuner. Mieux vaut ne faire une halte sérieuse qu'à Drammen. Là, nous nous offrirons un bon repas, afin d'économiser les comestibles de M. Benett! »

Cela convenu, le professeur et Joël se contentèrent de prendre un petit verre de brandevin à l'*Hôtel des Mines*. Un quart d'heure après, les chevaux, étant arrivés, on se remit en route.

Au sortir de la ville, la voiture dut remonter une rampe très escarpée, hardiment taillée au flanc de la montagne. Un instant, les hauts pylones des mines d'argent de Kongsberg se découpèrent en silhouette sur le ciel. Puis, tout cet horizon disparut derrière un rideau d'immenses forêts de sapins, obscures et fraîches comme des caves, dans lesquelles la chaleur du soleil ne pénétrait pas, plus que la lumière.

La ville de bois d'Hangsund fournit un nouvel attelage à la calèche. On retrouva de longues routes, souvent fermées par quelques barrières à pivot qu'il fallait faire ouvrir moyennant cinq ou six skillings. Région fertile, où abondaient les arbres, qui ressemblaient à des saules pleureurs avec leurs branches pliant sous le poids des fruits. En se rapprochant de Drammen, la vallée commença à redevenir montueuse.

A midi, la ville, assise sur l'un des bras du fiord de Christiania, montra ses deux interminables rues, bordées de maisons peintes, et son port, toujours très animé, où les trains de bois ne laissent que peu de place aux navires qui viennent s'y charger des produits du nord.

La voiture s'arrêta devant l'*Hôtel de Scandinavie*. Le propriétaire, un important personnage à barbe blanche, l'air doctoral, parut sur le seuil de son établissement.

Avec cette finesse de perception qui distingue les aubergistes en tous les pays du monde :

« Je ne serais pas surpris, dit-il, que ces messieurs et cette jeune dame voulussent déjeuner?

— En effet, ne soyez pas surpris, répondit Sylvius Hog, et faites-nous servir le plus tôt possible.

— A l'instant ! »

Le déjeuner fut bientôt prêt, et, en réalité, très acceptable. Il y eut surtout un certain poisson du fiord, truffé d'une herbe parfumée, dont le professeur mangea avec un évident plaisir.

A une heure et demie, la voiture, attelée de chevaux frais, revenait devant l'*Hôtel de Scandinavie*, et elle repartit en remontant au petit trot la grande rue de Drammen.

Mais voilà qu'en passant devant une maison basse, d'aspect peu attrayant, qui contrastait avec la couleur gaie des maisons voisines, Joël ne put retenir un mouvement de répulsion.

« Sandgoïst ! s'écria-t-il.

— Ah ! c'est là monsieur Sandgoïst ? dit Sylvius Hog. En vérité, il n'a point bonne figure ! »

C'était Sandgoïst. Il fumait près de sa porte. Reconnut-il Joël sur le siège de devant, on ne sait, car la voiture fila rapidement entre des piles de madriers et des monceaux de planches.

Au delà d'une route bordée de sorbiers chargés de leurs fruits de corail, l'attelage s'engagea à travers une épaisse forêt de pins, qui côtoie la « Vallée du Paradis, » magnifique dépression du sol, avec ses lointains étagés jusqu'aux dernières limites de l'horizon. Des centaines de monticules apparurent alors, la plupart couronnés d'une villa ou d'un gaard. Puis, aux approches du soir, lorsque la voiture commença à redescendre vers la mer en côtoyant de larges prairies, des fermes montrèrent leurs maisons d'un rouge vif qui tranchait crûment sur le rideau vert-noir des arbres. Enfin, les voyageurs atteignirent le fiord même de Christiania, encadré de pittoresques collines, avec ses innombrables criques, ses petits ports en miniature, et leurs « piers » de bois, où viennent accoster les embarcations de la baie et les vapeurs-omnibus.

A neuf heures du soir, — il faisait encore grand jour sous cette latitude, — l'antique calèche entrait dans la ville, non sans tapage, en suivant les rues déjà désertes.

D'après l'ordre donné par Sylvius Hog, elle vint s'arrêter à l'*Hôtel Victoria*. C'est là que descendirent Hulda et Joël. Des chambres avaient été d'avance

retenues pour eux. Après un bonsoir affectueux, le professeur regagna
sa vieille maison, où sa vieille servante Kate et son vieux domestique Fink
l'attendaient avec une non moins vieille impatience.

XVII

Christiania, — grande cité pour la Norvège, — ne serait qu'une assez petite
ville en Angleterre ou en France. Sans de fréquents incendies, elle se mon-
trerait encore telle qu'elle fut bâtie au onzième siècle. En réalité, elle ne date
que de l'année 1624, époque à laquelle la reconstruisit le roi Christian. D'Opsolö
qu'elle s'appelait alors, elle devint Christiania, du nom féminisé de son royal
architecte. C'est donc une ville régulière, à larges rues, froides et droites, tracées au tire-ligne, avec des maisons de pierres blanches ou de briques rouges.
Au milieu d'un assez beau jardin, s'élève le château royal, l'Orscarslot, vaste
bâtisse quadrangulaire, sans style, bien qu'elle soit de style ionien. Çà
et là, apparaissent quelques églises, dans lesquelles les beautés de l'art ne
sauraient distraire l'attention des fidèles. Enfin, il y a aussi plusieurs édifices
civils et établissements publics, sans compter un grand bazar, disposé en
rotonde, où viennent s'entasser les produits étrangers et indigènes.

En tout cet ensemble, rien de très curieux. Mais, ce qu'il faut admirer sans
réserve, c'est la position de la ville, au milieu de ce cirque de montagnes, si
variées d'aspect, qui lui font un cadre superbe. Presque plate dans ses quartiers
riches et neufs, elle ne se relève que pour former une sorte de Kasbah, couverte
de maisons irrégulières où végète la population peu aisée, huttes de bois,
huttes de briques, dont les tons criards étonnent le regard plus qu'ils ne le
charment.

Il ne faudrait pas croire que le mot Kasbah, réservé aux villes africaines,
ne saurait être à sa place dans une cité du nord de l'Europe. Christiania n'a-

Tout à coup, sa figure pâlit. (Page 162.)

t-elle pas, dans le voisinage du port, les quartiers de Tunis, de Maroc et d'Alger ? Et, s'il ne s'y trouve pas des Tunisiens, des Marocains, des Algériens, leur population flottante n'en vaut guère mieux.

En somme, comme toute ville, dont les pieds baignent dans la mer et qui dresse sa tête au niveau de verdoyantes collines, Christiania est extrêmement pittoresque. Il n'est pas injuste de comparer son fiord à la baie de Naples. Ainsi que les rivages de Sorrente ou de Castellamare, ses rives sont meublées

Le numéro 9917. (Page 178.)

de villas et de chalets, à demi perdus dans la verdure presque noire des
sapins, au milieu de ces légères vapeurs, qui leur donnent ce « flou » spécial aux régions hyperboréennes.

Sylvius Hog était donc enfin de retour à Christiania. Il est vrai, ce retour
s'accomplissait dans des conditions qu'il n'aurait jamais pu prévoir, au
milieu d'un voyage interrompu. Eh bien! il en serait quitte pour le recom-
mencer une autre année! En ce moment, il ne s'agissait que de Joël et de
Hulda Hansen. S'il ne les avait pas fait descendre dans sa maison, c'est qu'il
eût fallu deux chambres pour les recevoir. Bien certainement, le vieux Fink,
la vieille Kate leur auraient fait bon accueil! Mais on n'avait pas eu le temps
de se préparer. Aussi le professeur les avait-il conduits à l'*Hôtel Victoria* et
recommandés particulièrement. Or, une recommandation de Sylvius Hog,
député au Storthing, cela valait qu'on en tînt compte.

Mais, en même temps que le professeur demandait pour ses protégés les
attentions qu'on aurait eues pour lui-même, il n'avait point donné leurs
noms. Garder l'incognito, tout d'abord, cela ne lui paraissait que prudent à
l'endroit de Joël et surtout de Hulda Hansen. On sait quel bruit s'était fait
autour de la jeune fille, ce qui eût été une gêne pour elle. Mieux valait ne
rien dire de son arrivée à Christiania.

Il avait été convenu, que, le lendemain, Sylvius Hog ne reverrait pas le frère
et la sœur avant l'heure du déjeuner c'est-à-dire, entre onze heures et midi.

Le professeur, en effet, avait quelques affaires à régler, qui devaient lui
prendre toute la matinée, et il viendrait rejoindre Hulda et Joël dès qu'elles
seraient terminées. Il ne les quitterait plus alors, il resterait avec eux jusqu'au
moment où l'on procéderait au tirage de la loterie, qui devait s'effectuer à
trois heures.

Donc, Joël, dès qu'il fut levé, alla trouver sa sœur. Hulda, toute habillée
déjà, l'attendait dans sa chambre. Dans le but de la distraire un peu de ses
pensées, qui devaient être plus douloureuses encore ce jour-là, Joël lui proposa
de se promener jusqu'à l'heure du déjeuner. Hulda, pour ne pas désobliger
son frère, accepta l'offre qu'il lui faisait, et tous deux allèrent un peu à l'aventure à travers la ville.

C'était un dimanche. Contrairement à ce qui se fait dans les cités du nord
pendant les jours fériés, où le nombre des promeneurs est plus restreint, il
y avait une grande animation par les rues. Non seulement les citadins n'avaient
point quitté la ville pour la campagne, mais ils voyaient les ruraux des environs affluer chez eux. Le railway du lac Miösen, qui dessert les environs
de la capitale, avait dû organiser des trains supplémentaires. Autant de
curieux et surtout d'intéressés qu'attirait cette populaire loterie des Écoles de
Christiania !

Donc, beaucoup de monde à travers les rues, des familles au complet, même
des villages entiers, venus avec l'espérance secrète de n'avoir point fait
un voyage inutile. Qu'on y songe ! Le million de billets avait été placé, et,
ne dussent-ils gagner qu'un simple lot de cent ou deux cents marks, combien
de braves gens rentreraient contents du sort dans leurs humbles sœters ou
leurs modestes gaards !

Joël et Hulda, en quittant l'*Hôtel Victoria* descendirent d'abord jusqu'aux
quais qui s'arrondissent dans l'est de la baie. En cet endroit, l'affluence était
un peu moins grande, si ce n'est dans les cabarets, où la bière et le brandevin, versés à pleines chopes et à pleins verres, rafraîchissaient des gosiers
en état de soif permanente.

Tandis que le frère et la sœur se promenaient entre les magasins, les
rangs de barriques, les tas de caisses de toute provenance, les bâtiments,
amarrés à terre ou mouillés au large, attiraient plus spécialement leur attention. N'y avait-il pas quelques-uns de ces navires, qui étaient attachés au port
de Bergen, où le *Viken* ne devait plus revenir ?

« Ole !... Mon pauvre Ole ! » murmurait Hulda.

Aussi Joël voulut-il l'entraîner loin de la baie, en remontant vers les quartiers de la haute ville.

Là, dans les rues, sur les places, au milieu des groupes, ils entendirent
bien des propos à leur adresse.

« Oui, disait l'un, on avait été jusqu'à offrir dix mille marks du numéro 9672 !

— Dix mille ? répondait un autre. J'ai entendu parler de vingt mille et même
plus !

— Monsieur Vanderbilt, de New-York, est allé jusqu'à trente mille !

— Messieurs Baring, de Londres, à quarante mille !

— Et messieurs Rothschild, de Paris, à soixante mille ! »

On sait ce qu'il fallait croire de ces exagérations du populaire. A continuer cette échelle ascendante, les prix offerts eussent fini par dépasser le montant du gros lot !

Mais, si les diseurs de nouvelles n'étaient pas d'accord sur le chiffre des propositions faites à Hulda Hansen, la foule s'entendait à merveille pour qualifier les agissements de l'usurier de Drammen.

« Quel damné coquin, ce Sandgoïst, qui n'a pas eu pitié de ces braves gens !

— Oh ! il est bien connu dans le Telemark, et il n'en est pas à son coup d'essai !

— On dit qu'il n'a pu trouver à revendre le billet de Ole Kamp, après l'avoir payé d'un bon prix !

— Non ! Personne n'en a voulu !

— Cela n'est pas étonnant ! Entre les mains de Hulda Hansen, ce billet était bon !

— Évidemment, tandis qu'entre les mains de Sandgoïst, il ne vaut plus rien !

— C'est bien fait ! Il lui restera pour compte, et puisse-t-il perdre les quinze mille marks qu'il lui a coûtés !

— Mais, si ce gueux allait gagner le gros lot ?...

— Lui !... Par exemple !

— Voilà qui serait une injustice du sort ! En tout cas, qu'il ne vienne pas au tirage !...

— Non, car on lui ferait un mauvais parti ! »

Tel est le résumé des opinions émises sur le compte de Sandgoïst. On sait d'ailleurs que, par prudence ou pour tout autre motif, il n'avait point l'intention d'assister au tirage, puisque, la veille, il était encore dans sa maison de Drammen.

Hulda, très émue, et Joël, qui sentait le bras de sa sœur frémir au sien, passaient vite, sans chercher à en entendre davantage, comme s'ils eussent craint d'être acclamés de tous ces amis ignorés qu'ils comptaient parmi cette foule.

Quant à Sylvius Hog, peut-être avaient-ils espéré le rencontrer par la ville. Il n'en fut rien. Mais quelques mots, surpris dans les conversations, leur apprirent que le retour du professeur à Christiania était déjà connu du public. Depuis le matin, on l'avait vu marcher d'un air très affairé, en homme qui n'a point le temps de questionner ni de répondre, tantôt du côté du port, tantôt du côté des bureaux de la Marine.

Certes, Joël aurait pu demander à n'importe quel passant où demeurait le professeur Sylvius Hog. Chacun se fût empressé de lui indiquer sa maison et de l'y conduire. Il ne le fit pas par crainte d'être indiscret, et, puisque rendez-vous était donné à l'hôtel, le mieux était de s'en tenir là.

C'est ce que Hulda pria Joël de faire vers dix heures et demie. Elle se sentait très lasse, et tous ces propos, auxquels son nom était mêlé, lui faisaient mal.

Elle rentra donc à l'*Hôtel Victoria*, puis remonta dans sa chambre pour y attendre le retour de Sylvius Hog.

Quant à Joël, il était resté au rez-de-chaussée de l'hôtel, dans le salon de lecture. Là, machinalement, il occupa son temps à feuilleter les journaux de Christiania.

Tout à coup, sa figure pâlit, son regard se troubla, le journal qu'il tenait lui tomba des mains...

Dans un numéro du *Morgen-Blad*, aux nouvelles de mer, il venait de lire la dépêche suivante, datée de Terre-Neuve :

« L'aviso *Telegraf*, arrivé sur le lieu présumé du naufrage du *Viken*, n'en a retrouvé aucun vestige. Ses recherches sur la côte du Groënland n'ont pas eu plus de succès. On doit donc considérer comme certain qu'il ne reste aucun survivant de l'équipage du *Viken*. »

XVIII

« Bonjour, monsieur Benett! Quand je trouve l'occasion de vous donner une poignée de main, cela me fait toujours plaisir.

— Et cela me fait toujours honneur, monsieur Hog.

— Honneur, plaisir, plaisir, honneur, répondit gaiement le professeur, l'un vaut l'autre!

— Je vois que votre voyage dans la Norvège centrale s'est heureusement achevé?

— Il n'est point achevé, mais il est fini, monsieur Benett — pour cette année du moins.

— Eh bien, monsieur Hog, parlez-moi, s'il vous plaît, de ces braves gens dont vous avez fait la connaissance à Dal?

— De braves gens, en effet, monsieur Benett, de braves gens et des gens braves! Le mot leur convient dans les deux sens!

— D'après ce que les journaux nous ont appris, il faut convenir qu'ils sont bien à plaindre!

— Très à plaindre, monsieur Benett! Je n'ai jamais vu le malheur frapper de pauvres êtres avec une obstination pareille!

— En effet, monsieur Hog. Après l'affaire du *Viken*, l'affaire de cet abominable Sandgoïst!

— Comme vous dites, monsieur Benett.

— En fin de compte, monsieur Hog, Hulda Hansen a bien fait de livrer le billet contre quittance?

— Vous trouvez?... Et pourquoi donc, s'il vous plaît?

— Parce que de toucher quinze mille marks contre la quasi-certitude de ne rien toucher du tout...

« — Ah ! monsieur Benett ! riposta Sylvius Hog, vous parlez là en homme pratique, en négociant que vous êtes ! Mais, si l'on veut se placer à un autre point de vue, cela devient une affaire de sentiment, et le sentiment ne se chiffre pas !

— Évidemment, monsieur Hog ; mais, permettez-moi de vous le dire, il est très probable que votre protégée en eût été pour son sentiment !

— Qu'en savez-vous ?

— Mais songez-y donc ! Que représentait ce billet ? Une seule chance de gagner sur un million !...

— En effet, une chance sur un million ! C'est bien peu, monsieur Benett, c'est bien peu !

— Aussi la réaction s'est-elle faite, après l'engouement des premiers jours, et, dit-on, ce Sandgoïst, qui n'avait acheté ce billet que pour spéculer dessus, n'a pu trouver de preneur !

— Il paraît, monsieur Benett.

— Et pourtant, si ce maudit usurier venait à gagner le gros lot, voilà qui serait un scandale !

— Un scandale, assurément, monsieur Benett, le mot n'est pas trop fort, un scandale ! »

En parlant ainsi, Sylvius Hog se promenait à travers les magasins, on peut dire à travers le bazar de M. Benett, si connu de Christiania et de toute la Norvège. En effet, que ne trouve-t-on pas dans ce bazar ? Voitures de voyage, kariols par douzaines, caisses de comestibles, paniers de vins, stock de conserves, vêtements et ustensiles de touristes, même des guides pour conduire les voyageurs jusqu'aux dernières bourgades du Finmark, jusqu'en Laponie, jusqu'au Pôle Nord ! Et ce n'est pas tout ! M. Benett n'offre-t-il pas aux amateurs d'histoire naturelle les divers échantillons de pierres et de métaux du sol, comme les spécimens les plus variés des oiseaux, insectes, reptiles, de la faune norvégienne ? Et — ce qu'il est bon de savoir, — où rencontrerait-on un assortiment de bijoux et de bibelots du pays plus complet que dans ses vitrines ?

Aussi ce gentleman est-il la Providence des touristes, désireux de visiter la région scandinave. C'est l'homme universel dont Christiania ne pourrait plus se passer.

« Et, à propos, monsieur Hog, dit-il, vous avez bien trouvé à Tinoset la voiture que vous m'aviez demandée?

— Puisque je vous l'avais demandée, monsieur Benett, j'étais certain qu'elle y serait à l'heure dite!

— Vous me comblez, monsieur Hog. Mais, d'après votre lettre, vous deviez être trois personnes...

— Trois, en effet.

— Et ces personnes?...

— Elles sont arrivées, hier soir, en bonne santé, et elles m'attendent à l'*Hôtel Victoria*, où je vais les rejoindre.

— Est-ce que ce sont?...

— Précisément, monsieur Benett, ce sont... Et, je vous prie, n'en dites rien. Je tiens à ce que leur arrivée ne s'ébruite pas encore.

— Pauvre fille!

— Oui!... Elle aura bien souffert!

— Et vous avez voulu qu'elle assistât au tirage de la loterie, bien qu'elle n'ait plus le billet que lui avait légué son fiancé?

— Ce n'est pas moi qui l'ai voulu, monsieur Benett! C'est Ole Kamp, et, à vous comme à tous, je répéterai : Il faut obéir aux dernières volontés de Ole!

— Évidemment, ce que vous faites est toujours bien fait, cher monsieur Hog.

— Des compliments, cher monsieur Benett?...

— Non, mais il est fort heureux pour elle que la famille Hansen vous ait trouvé sur son chemin!...

— Bah! Il est encore plus heureux pour moi de l'avoir trouvée sur le mien!

— Je vois que vous avez toujours votre bon cœur!

— Monsieur Benett, puisqu'on est obligé d'avoir un cœur, autant vaut qu'il soit bon, n'est-ce pas? »

Et de quel excellent sourire Sylvius Hog accompagna cette réponse au digne commerçant.

« Et maintenant, monsieur Benett, reprit-il, ne croyez pas que je sois venu chercher des félicitations chez vous! Non! C'est un autre motif qui m'amène.

— A votre service.

— Vous savez, n'est-il pas vrai, que, sans l'intervention de Joël et de Hulda Hansen, si le Rjukanfos avait bien voulu me rendre, il ne m'aurait rendu qu'à l'état de cadavre. Je n'aurais donc pas aujourd'hui le plaisir de vous voir...

— Oui!... Oui!..., Je sais! répondit M. Benett. Les journaux ont raconté votre aventure!... Et, en vérité, ces courageux jeunes gens eussent bien mérité de gagner le gros lot!

— C'est mon avis, répondit Sylvius Hog. Mais, puisque c'est maintenant impossible, je ne voudrais pas que ma petite Hulda retournât à Dal, sans quelque petit cadeau... un souvenir...

— C'est là ce que j'appellerai une bonne idée, monsieur Hog!

— Vous allez donc m'aider à choisir, parmi toutes vos richesses, quelque chose qui puisse plaire à une jeune fille...

— Volontiers, » répondit M. Benett.

Et il pria le professeur de passer dans le magasin réservé à la joaillerie indigène. Un bijou norvégien, n'était-ce pas le plus charmant souvenir qu'on pût emporter de Christiania et du merveilleux bazar de M. Benett?

Ce fut aussi l'avis de Sylvius Hog, auquel le complaisant gentleman s'empressa d'ouvrir toutes ses vitrines.

« Voyons, dit-il, je ne suis pas très connaisseur, et je m'en rapporte à votre goût, monsieur Benett.

— Nous nous entendrons, monsieur Hog. »

Il y avait là tout un assortiment de ces bijoux suédois et norvégiens, de fabrication très complexe, et qui sont généralement plus précieux de travail que de matière.

« Qu'est-ce que cela? demanda le professeur.

— C'est une bague en doublé, avec glands mobiles dont le tintement est fort agréable.

— Très joli ! répondit Sylvius Hog, en essayant la bague à l'extrémité de son petit doigt. Mettez toujours cette bague de côté, monsieur Benett, et voyons autre chose.

— Bracelets ou colliers ?

— Un peu de tout, si vous permettez, monsieur Benett, un peu de tout ! — Ah ! ceci ?...

— Ce sont des rondelles qui se portent par paires au corsage. Voyez-vous l'effet du cuivre sur ce fond de laine rouge plissée ? C'est de très bon goût, sans atteindre de trop hauts prix.

— Charmant, en effet, monsieur Benett. Mettons encore cet ornement de côté.

— Seulement, monsieur Hog, je vous ferai observer que ces rondelles sont absolument réservées aux parures des jeunes mariées... le jour des noces... et que...

— Par Saint-Olaf ! vous avez raison, monsieur Benett, vous avez bien raison ! Ma pauvre Hulda ! Ce n'est malheureusement pas Ole qui lui fait ce cadeau, c'est moi, et ce n'est plus à une fiancée que je vais l'offrir !...

— En effet, monsieur Hog !

— Voyons donc d'autres bijoux qui soient à l'usage d'une jeune fille. — Ah ! cette croix, monsieur Benett ?

— C'est une croix de suspension, avec disques concaves qui résonnent à chaque mouvement du cou.

— Fort joli !... Fort joli !... Mettez cela à part, monsieur Benett. Quand j'aurai visité toutes vos vitrines, nous ferons notre choix....

— Oui, mais...

— Encore un mais ?

— Cette croix, c'est celle que portent les mariées de la Scanie, en se rendant à l'église...

— Diable, monsieur Benett !... Il faut bien avouer que je n'ai pas la main heureuse !

Puis elle s'était affaissée. (Page 181.)

— Cela tient, monsieur Hog, à ce que ce sont des bijoux de mariées dont j'ai le plus grand assortiment et que je vends en plus grand nombre. Vous ne pouvez vous en étonner.

— Cela ne m'étonne en aucune façon, monsieur Benett ; mais, enfin, cela m'embarrasse !

— Eh bien, prenez toujours cet anneau d'or que vous avez fait mettre de côté !

L'Église d'Hitterdal. Page 185.)

— Oui... cet anneau d'or... J'aurais voulu cependant aussi quelque autre bijou plus... comment dirai-je?... plus décoratif...

— Alors, n'hésitez pas! Prenez cette plaque d'argent filigrané, dont les quatre rangées de chaînettes font si bon effet au cou d'une jeune fille! Voyez! elle est semée de fines verroteries et agrémentée de fusées de laiton en forme de bobines, avec des perles de couleur taillées en briolettes! C'est un des plus curieux produits de l'orfèvrerie norvégienne!

22

— Oui!... Oui!... répondit Sylvius Hog. Un joli bijou, mais un peu prétentieux, peut-être, pour ma modeste Hulda! En vérité, je préférerais les rondelles que vous m'avez montrées tout à l'heure, ainsi que la croix de suspension! Sont-elles donc tellement spéciales aux parures de noces qu'on ne puisse en faire cadeau à une jeune fille?

— Monsieur Hog, répondit M. Benett, le Storthing n'a pas encore fait de loi à cet égard!... C'est sans doute une lacune...

— Bon, bon, monsieur Benett, nous arrangerons cela! En attendant, je prends toujours la croix et les rondelles!... Et puis, enfin, ma petite Hulda peut se marier un jour!... Bonne et charmante comme elle est, l'occasion ne lui manquera pas d'utiliser ces parures!... C'est donc décidé, je les prends et je les emporte!

— Bien, monsieur Hog.

— Est-ce que nous aurons le plaisir de vous voir au tirage de la loterie, monsieur Benett?

— Certainement.

— Je crois que cela sera très intéressant.

— J'en suis sûr.

— Donc, à bientôt, monsieur Benett.

— A bientôt, monsieur Hog.

— Tiens! fit le professeur en se penchant au dessus d'une vitrine. Voilà deux jolis anneaux que je n'avais pas vus!

— Oh! Ceux-là ne peuvent vous convenir, monsieur Hog. Ce sont des anneaux gravés que le pasteur met au doigt des mariés, pendant la cérémonie...

— Vraiment?... Bah! je les prends tout de même! — A bientôt, monsieur Benett, à bientôt. »

Sylvius Hog sortit, et, d'un pas léger — un pas de vingt ans — il se dirigea vers l'*Hôtel Victoria*.

Arrivé sous le vestibule, il aperçut tout d'abord ces mots *Fiat lux*, qui sont inscrits en exergue sur la lanterne du gaz.

« Eh! se dit-il, ce latin-là est de circonstance! Oui! *Fiat lux!... Fiat lux!* »

Hulda était dans sa chambre. Assise près de la fenêtre, elle attendait. Le professeur frappa à la porte, qui s'ouvrit aussitôt.

« Ah! monsieur Sylvius! s'écria la jeune fille en se levant.

— Me voilà! Me voilà! Mais il ne s'agit pas de monsieur Sylvius, ma petite Hulda, il s'agit du déjeuner qui est déjà servi. J'ai une faim de loup. — Où est Joël?

— Dans la salle de lecture.

— Bien!... Je vais l'y chercher! Vous, chère enfant, descendez tout de suite nous rejoindre! »

Sylvius Hog quitta la chambre de Hulda et alla trouver Joël qui l'attendait aussi, mais désespéré.

Le pauvre garçon lui montra le numéro du *Morgen-Blad*. La dépêche du commandant du *Telegraf*, ne laissait plus aucun doute sur la perte totale du *Viken*.

« Hulda n'a pas lu?... demanda vivement le professeur.

— Non, monsieur Sylvius, non! Il vaut mieux lui cacher ce qu'elle n'apprendra que trop tôt!

— Vous avez bien fait, mon garçon.... Allons déjeuner. »

Un instant après, tous trois étaient assis à une table particulière. Sylvius Hog mangeait de grand appétit.

Un excellent déjeuner, d'ailleurs, et qui avait toute l'importance d'un dîner. Qu'on en juge! Soupe froide à la bière, avec tranches de citron, morceaux de canelle, saupoudrée de pain bis en miettes, saumon à la sauce blanche sucrée, veau cuit dans de la fine chapelure, rosbeef saignant avec une salade non assaisonnée mais relevée d'épices, glaces à la vanille, confiture de pommes de terre, framboises, cerises et noisettes, le tout arrosé d'un vieux Saint-Julien de France.

« Excellent!... Excellent!... répétait Sylvius Hog. On se croirait à Dal dans l'auberge de dame Hansen! »

Et, à défaut de sa bouche empêchée, ses bons yeux souriaient autant que des yeux peuvent sourire.

Joël et Hulda eussent vainement voulu se mettre à ce diapason; ils ne l'auraient pu, et la pauvre fille prit à peine sa part du déjeuner. Quand le repas fut achevé :

« Mes enfants, dit Sylvius Hog, vous avez évidemment eu tort de ne point faire honneur à cette agréable cuisine. Mais, enfin, je ne pouvais pas vous forcer. Après tout, si vous n'avez pas déjeuné, vous n'en dînerez que mieux. Par exemple, je ne sais pas si je pourrai vous tenir tête ce soir ! — Et maintenant, voici le moment de se lever de table. »

Le professeur était déjà debout, il prenait son chapeau que lui tendait Joël, lorsque Hulda, l'arrêtant, lui dit :

« Monsieur Sylvius, vous tenez toujours, n'est-ce pas, à ce que je vous accompagne ?...

— Pour assister au tirage de la loterie ?... Certainement j'y tiens, et beaucoup, ma chère fille !

— Ce sera bien pénible pour moi !

— Très pénible, j'en conviens ! Mais Ole a voulu que vous fussiez présente au tirage, Hulda, et il faut respecter la volonté de Ole ! »

Décidément, cette phrase était devenue un refrain dans la bouche de Sylvius Hog !

<hr />

XIX

Quelle affluence en cette grande salle de l'Université de Christiania, où allait s'effectuer le tirage de la loterie, — et même dans les cours, puisque la grande salle ne pouvait suffire à tant de monde, — et jusque dans les rues avoisinantes, puisque les cours étaient encore trop petites pour contenir tout ce populaire !

Certes, ce dimanche 15 juillet, ce n'est pas à leur calme qu'on eût pu reconnaître ces Norvégiens si étrangement surexcités. Quant à cette surexcitation, était-elle due à l'intérêt qui s'attachait à ce tirage, ou provenait-elle de la haute température de cette journée d'été? Peut-être intérêt et chaleur y contribuaient-ils? En tout cas, ce n'était pas l'absorption de ces fruits rafraîchissants, de ces « multers », dont il se fait une si grande consommation en Scandinavie, qui eût pu la refroidir !

Le tirage devait commencer à trois heures précises. Il y avait cent lots, divisés en trois séries : 1° quatre-vingt-dix lots de cent à mille marks, d'une valeur totale de quarante-cinq mille marks; 2° neuf lots de mille à neuf mille marks, également d'une valeur totale de quarante-cinq mille marks; 3° un lot de cent mille marks.

Contrairement à ce qui se fait ordinairement dans les loteries de ce genre, le grand effet avait été réservé pour la fin. Ce ne devait pas être au premier numéro sortant que serait attribué le gros lot, ce serait au dernier, c'est-à-dire, au centième. De là, une succession d'impressions, d'émotions, de battements de cœur, qui irait toujours croissant. Il va de soi que tout numéro, ayant gagné une fois, ne pouvait gagner une seconde, et serait annulé, s'il venait à ressortir des urnes.

Tout cela était connu du public. Il n'y avait plus qu'à attendre l'heure fixée. Mais, pour tromper les longueurs de l'attente, on causait, et, le plus souvent, de la touchante situation de Hulda Hansen. Vraiment, si elle eût encore possédé le billet de Ole Kamp, chacun aurait fait des vœux pour elle — après soi, bien entendu !

A ce moment, quelques personnes avaient déjà connaissance de la dépêche publiée par le *Morgen Blad.* Elles en parlèrent à leurs voisins. On sut bientôt, dans toute l'assistance, que les recherches de l'aviso n'avaient point abouti. Ainsi donc, il fallait renoncer à retrouver même une épave du *Viken.* Pas un homme de l'équipage n'avait survécu au naufrage ! Hulda ne reverrait jamais son fiancé !

Un incident vint détourner les esprits. Le bruit se répandit que Sandgoïst s'était décidé à quitter Drammen, et quelques-uns prétendaient l'avoir vu dans les rues de Christiania. Se serait-il donc hasardé à venir dans la salle ! S'il en était ainsi, ce mauvais homme devait s'attendre à un déchaînement formidable contre sa personne ! Lui ! assister au tirage de la loterie !... Mais, c'était tellement improbable que ce n'était pas possible. En somme, fausse alerte, rien de plus.

Vers deux heures un quart, il se produisit un certain mouvement dans la foule.

C'était le professeur Sylvius Hog qui se présentait à la porte de l'Université. On savait quelle part il avait prise à toute cette affaire, et comment, après avoir été sauvé par les enfants de dame Hansen, il essayait de payer sa dette.

Aussitôt les rangs de s'ouvrir. Un murmure flatteur, auquel Sylvius Hog répondit par d'aimables inclinations de tête, se propagea à travers l'assistance et ne tarda pas à se changer en acclamations.

Mais le professeur n'était pas seul. Lorsque les plus rapprochés se reculèrent pour lui faire place, on vit qu'il avait une jeune fille au bras, tandis qu'un jeune homme les suivait tous deux.

Un jeune homme, une jeune fille ! Il y eut là une sorte de secousse électrique. La même pensée jaillit de tous ces cerveaux comme l'étincelle d'autant d'accumulateurs.

« Hulda !... Hulda Hansen ! »

Tel fut le nom qui s'échappa de toutes les bouches.

Oui ! C'était Hulda, émue à ne pouvoir se soutenir. Elle fût tombée, sans le bras de Sylvius Hog. Mais il la tenait bien, la touchante héroïne de cette fête à laquelle manquait Ole Kamp ! Combien elle eût préféré rester dans sa petite chambre de Dal ! Quel besoin elle éprouvait de se soustraire à toute cette curiosité, si sympathique qu'elle pût être ! Mais Sylvius Hog avait voulu qu'elle vînt : elle était venue.

« Place ! Place ! » criait-on de toutes parts.

Et on se rangeait devant Sylvius Hog, devant Hulda, devant Joël. Que de mains s'allongèrent pour saisir leurs mains ! Que de bonnes et accueillantes paroles sur leur passage ! Et comme Sylvius Hog approuvait toutes ces démonstrations !

« Oui ! c'est elle, mes amis !... C'est ma petite Hulda que j'ai ramenée de Dal ! » disait-il.

Puis, se retournant :

« Et c'est Joël, son brave frère ! »

Et il ajoutait :

« Mais, surtout, ne me les étouffez pas ! »

Et, pendant que les mains de Joël répondaient à toutes les pressions, celles du professeur, moins vigoureuses, étaient brisées par tant d'étreintes. En même temps, son œil brillait, quoique une petite larme d'émotion se fût glissée sous sa paupière. Mais — phénomène digne de l'attention des ophtalmologistes — cette petite larme était comme lumineuse.

Il fallut un bon quart d'heure pour traverser les cours de l'Université, gagner la grande salle, atteindre les chaises qui avaient été réservées au professeur. Enfin, cela fut fait, non sans quelque peine. Sylvius Hog prit place entre Hulda et Joël.

A deux heures et demie, une porte s'ouvrit derrière l'estrade, au fond de la salle. Le président du bureau apparut, digne, sérieux, ayant cet air dominateur, ce port de tête spécial à tout homme appelé à une présidence quelconque. Deux assesseurs le suivaient, non moins graves. Puis, on vit entrer six petites filles enrubannées, fleuries, toutes blondes aux yeux bleus, avec des mains un peu rouges, dans lesquelles on reconnaissait visiblement ces mains de l'innocence, prédestinées au tirage des loteries.

Cette entrée fut accueillie par un brouhaha, qui témoignait d'abord du plaisir qu'on éprouvait à voir les directeurs de la loterie de Christiania, ensuite de l'impatience qu'ils avaient provoquée en ne paraissant pas plus tôt sur l'estrade.

S'il y avait six petites filles, c'est qu'il y avait six urnes, disposées sur une table, et desquelles six numéros devaient sortir à chaque tirage.

Ces six urnes contenaient chacune les dix numéros 1, 2, 3, 4, 5, 6, 7, 8, 9, 0, représentant les unités, dizaines, centaines, mille, dizaines de mille et centaines de mille du nombre million. S'il n'y avait pas de septième urne pour la colonne du million, c'est que, d'après ce mode de tirage, il est convenu que si les six zéros sortent à la fois, ils représentent le nombre million — ce qui répartit également les chances sur tous les numéros.

En outre, on avait décidé que les numéros seraient successivement extraits des urnes en commençant par celle qui était à la gauche du public. Le nombre gagnant se formerait ainsi sous les yeux des spectateurs, d'abord par le chiffre de la colonne des centaines de mille, puis des dizaines de mille, et ainsi de suite, jusqu'à la colonne des unités. Grâce à cette convention, on juge avec quelle émotion chacun verrait s'accroître ses chances, après la sortie de chaque chiffre.

À trois heures sonnant, le président fit un signe de la main et déclara la séance ouverte.

Le long murmure qui accueillit cette déclaration dura pendant quelques minutes, après lesquelles un certain silence s'établit.

Le président se leva alors. Très ému, il prononça le petit discours de circonstance, dans lequel il parut regretter qu'il n'y eût pas un gros lot pour chaque billet. Puis, il ordonna de procéder au tirage de la première série. Elle comprenait, on le sait, quatre vingt-dix lots, ce qui allait exiger un certain temps.

Les six petites filles commencèrent donc à fonctionner avec une régularité automatique, sans que la patience du public se lassât un seul instant. Il est vrai, l'importance des lots croissant avec chaque tirage, l'émotion croissait aussi, et personne ne songeait à quitter sa place, pas même ceux dont les numéros sortis n'avaient plus rien à prétendre.

Cela dura une heure, sans qu'il se produisît d'incident. Ce que l'on put observer, toutefois, c'est que le numéro 9672 n'était pas encore sorti — ce qui lui eût enlevé toutes chances de gagner le lot de cent mille marks.

« Voilà qui est de bon augure pour ce Sandgoïst! dit un des voisins du professeur.

— Bah! Il serait bien étonnant que le gros lot lui échût! répondait un autre, bien qu'il ait un fameux numéro!

— En effet, un fameux! répondit Sylvius Hog. Mais ne me demandez pas pourquoi!... Je ne serais pas capable de vous le dire! »

Alors commença le tirage de la deuxième série, qui comprenait neuf lots. Cela allait devenir tout à fait intéressant, le quatre-vingt-onzième étant de mille marks, le quatre-vingt-douzième de deux mille, et ainsi de suite usqu'au quatre-vingt-dix-neuvième, lequel était de neuf mille. La troisième érie, on ne l'a pas oublié, se composait uniquement du gros lot.

Le numéro 72521 gagna un lot de cinq mille marks. Ce billet était celui d'un brave marinier du port, qui fut acclamé par toute l'assistance et supporta rès dignement ces acclamations.

Un autre numéro, le 823752, gagna six mille marks. Et quelle fut la joie le Sylvius Hog, lorsque Joël lui apprit qu'il appartenait à la charmante Siegfrid, de Bamble !

Mais alors il se produisit un incident, et tout le public éprouva une émotion qui se traduisit par des murmures. Lorsqu'on tira le quatre-vingt-dix-septième lot — celui de sept mille marks — on put croire un instant que Sandgoïst allait être favorisé par le sort, au moins pour ce lot.

En effet, le numéro, qui le gagna, fut le 9627. Il ne s'en était fallu que de quarante-cinq points que ce ne fût celui d'Ole Kamp !

Les deux tirages suivants donnèrent des numéros très éloignés : 775 et 76287.

La deuxième série était close. Il ne restait plus à tirer que le dernier lot de cent mille marks.

En ce moment, l'agitation des spectateurs devint extraordinaire, et il serait assez difficile d'en reproduire l'intensité.

Ce fut d'abord un long murmure, qui se propagea de la grande salle dans les cours et jusque dans les rues. Quelques minutes se passèrent même, sans qu'il parvint à se calmer. Cependant le decrescendo se fit peu à peu, et un profond silence le suivit. On eût dit que toute l'assistance était figée. Il y avait dans ce calme une certaine quantité de stupeur — qu'on nous permette cette comparaison — de cette stupeur qu'on éprouve au moment où un condamné paraît sur la place de l'exécution. Mais, cette fois, le patient, encore inconnu, n'était condamné qu'à gagner cent mille marks, non à perdre la tête, à moins qu'il ne la perdît de joie.

Joël, les bras croisés, regardait vaguement devant lui, étant le moins émotionné peut-être de toute cette foule. Hulda assise, comme repliée en elle-même, ne songeait qu'à son pauvre Ole. Elle le cherchait instinctivement du regard, comme s'il eût dû apparaître au dernier moment !

Sylvius Hog, lui... Mais il faut renoncer à dépeindre l'état dans lequel se trouvait Sylvius Hog.

« Tirage du lot de cent mille marks ! » dit le président.

Quelle voix ! Elle semblait venir des entrailles de cet homme solennel. Cela tenait à ce qu'il avait plusieurs billets, qui, n'étant pas encore sortis, pouvaient prétendre au gros lot.

La première petite fille tira un numéro de l'urne de gauche et le montra à l'assemblée.

« Zéro ! » dit le président.

Ce zéro ne fit pas un très grand effet. Il semblait vraiment qu'on s'attendît à le voir apparaître.

« Zéro ! » dit le président, en proclamant le chiffre tiré par la seconde petite fille.

Deux zéros ! On observa que les chances s'accroissaient notablement pour tous les numéros compris entre un et neuf mille neuf cent quatre-vingt-dix-neuf. Or, le billet de Ole Kamp — qu'on ne l'oublie pas — portait le numéro 9672.

Chose singulière, Sylvius Hog commença à s'agiter sur sa chaise, comme si elle eût été prise de roulis.

« Neuf ! » dit le président, en annonçant le chiffre que la troisième petite fille venait d'extraire de la troisième urne.

Neuf !... C'était le premier chiffre du billet de Ole Kamp !

« Six ! » dit le président.

Et, en effet, la quatrième fillette présentait un six à tous les regards braqués sur elle, comme autant de pistolets chargés, ce qui l'intimidait visiblement.

Les chances de gagner étaient maintenant de une sur cent pour tous les numéros compris entre un et quatre-vingt-dix-neuf.

Est-ce que le billet de Ole Kamp allait faire tomber cette somme de cent mille marks dans la poche de ce misérable Sandgoïst ? Vraiment, ce serait à faire douter de Dieu !

La cinquième petite fille plongea sa main dans l'urne et tira le cinquième chiffre.

« Sept ! » dit le président d'une voix si étranglée qu'on l'entendit à peine, même des premiers rangs.

Mais, si on n'entendait pas, on voyait, et, à ce moment, les cinq fillettes tendaient les chiffres suivants aux yeux du public :

0 0 9 6 7

Le numéro gagnant serait nécessairement compris entre 9670 et 9679. Il avait donc maintenant une chance sur dix.

La stupeur était à son comble.

Sylvius Hog, debout, avait saisi la main de Hulda Hansen. Tous les regards se portaient sur la pauvre fille. En sacrifiant le dernier souvenir de son fiancé, avait-elle donc sacrifié la fortune que Ole Kamp avait rêvée pour elle et pour lui ?

La sixième fillette eut quelque peine à introduire sa main dans l'urne. Elle tremblait, la petiote ! Enfin le numéro parut.

« Deux ! » s'écria le président.

Et il retomba sur sa chaise, à demi suffoqué par l'émotion.

« Neuf mille six cent soixante-douze ! » proclama un des assesseurs d'une voix retentissante.

C'était le numéro du billet de Ole Kamp, maintenant en la possession de Sandgoïst ! Tout le monde le savait, et personne n'ignorait dans quelles conditions l'usurier l'avait acquis !

Aussi un profond silence se fit-il, au lieu du tonnerre de hurrahs dont eût retenti toute la salle de l'Université si le billet eût toujours été entre les mains de Hulda Hansen.

Et maintenant, ce coquin de Sandgoïst allait-il donc apparaître, son billet à la main, pour en toucher le prix ?

« Le numéro neuf mille six cent soixante-douze gagne le lot de cent mille marks ! répéta l'assesseur. Qui le réclame ?

Quand elle quitta la petite chapelle (Page 185.)

— Moi ! »

Était-ce l'usurier de Drammen qui venait de jeter ce mot ?

Non ! C'était un jeune homme — un jeune homme à la figure pâle, portant, sur ses traits comme dans toute sa personne, les marques de longues
souffrances, mais vivant, bien vivant !

À cette voix, Hulda s'était levée, elle avait poussé un cri, qui avait été
entendu de tous. Puis, elle s'était affaissée...

Le Professeur ouvrit le bal. (Page 185.)

Mais ce jeune homme venait de fendre la foule, et ce fut lui qui reçut dans ses bras la jeune fille sans connaissance...

C'était Ole Kamp!

XX

Oui! c'était Ole Kamp. Ole Kamp qui avait survécu, comme par miracle, au naufrage du *Viken*.

Et, si le *Telegraf* ne l'avait pas ramené en Europe, c'est qu'il n'était plus alors dans les parages visités par l'aviso.

Et, s'il n'y était plus, c'est que, à cette époque, il faisait déjà route pour Christiania sur le navire qui le rapatriait.

Voilà ce que racontait Sylvius Hog. Voilà ce qu'il répétait à qui voulait l'entendre. Et tous l'écoutaient, on peut le croire! Voilà ce qu'il narrait avec un véritable accent de triomphateur. Et ses voisins le redisaient à ceux qui n'avaient pas le bonheur d'être près de lui. Et cela se transmettait de groupe en groupe jusqu'au public du dehors, entassé dans les cours et les rues avoisinantes.

En quelques instants, tout Christiania savait, à la fois, que le jeune naufragé du *Viken* était de retour et qu'il avait gagné le gros lot de la loterie des Écoles.

Et il fallait bien que ce fût Sylvius Hog qui racontât toute cette histoire. Ole ne l'aurait pu, car Joël le serrait dans ses bras à l'étouffer, tandis que Hulda revenait à elle.

« Hulda!... chère Hulda!... disait Ole. Oui!... moi... ton fiancé... et bientôt ton mari!...

— Dès demain, mes enfants, dès demain! s'écria Sylvius Hog. Nous partirons ce soir même pour Dal. Et, si cela ne s'est jamais vu, on verra un professeur de législation, un député au Storthing, danser à une noce comme le plus découplé des gars du Telemark! »

Mais comment Sylvius Hog connaissait-il l'histoire de Ole Kamp? Tout simplement par la dernière lettre que la Marine lui avait adressée à Dal. En effet, cette lettre, — la dernière qu'il eût reçue et dont il n'avait parlé à personne, — en renfermait une seconde, datée de Christiansand. Cette seconde lettre lui apprenait ceci : le brick danois *Génius*, capitaine Kroman, venait de relâcher à Christiansand, ayant à son bord les survivants du *Viken*, entre autres le jeune maître Ole Kamp, et, trois jours après, il devait arriver à Christiania.

La lettre de la Marine ajoutait que ces naufragés avaient tellement souffert qu'ils étaient encore dans un extrême état de faiblesse. C'est pourquoi Sylvius Hog n'avait rien voulu dire à Hulda du retour de son fiancé. Aussi, dans sa réponse, avait-il demandé le plus profond secret sur ce retour, secret qui avait été soigneusement gardé vis-à-vis du public.

Si l'aviso *Telegraf* n'avait retrouvé ni aucune épave ni aucun survivant du *Viken*, cela est facile à expliquer.

Pendant une violente tempête, le *Viken*, à demi-désemparé, avait été forcé de fuir dans le nord-ouest, lorsqu'il se trouvait à deux cents milles au sud de l'Islande. Durant la nuit du 3 au 4 mai — nuit de rafales — il vint se heurter contre un de ces énormes icebergs en dérive, qui sortaient des mers du Groënland. La collision fut terrible, et si terrible que, cinq minutes après, le *Viken* allait couler à pic.

C'est alors que Ole avait écrit ce document. Il avait tracé sur ce billet de loterie un dernier adieu à sa fiancée; puis, il l'avait jeté à la mer, après l'avoir enfermé dans une bouteille.

Mais la plupart des hommes de l'équipage du *Viken*, y compris le capitaine, avaient péri au moment de la collision. Seuls, Ole Kamp et quatre de ses camarades purent sauter sur un débris de l'iceberg, au moment où s'engloutissait le *Viken*. Pourtant, leur mort n'eût été que retardée, si cette épouvantable bourrasque n'eût poussé le banc de glace dans le nord-ouest. Deux jours après, épuisés, mourant de faim, les cinq survivants du naufrage étaient jetés sur la côte sud du Groënland, côte déserte, où ils vécurent à la grâce de Dieu.

Là, s'ils n'étaient secourus sous quelques jours, c'en était fait d'eux.

Comment auraient-ils eu la force de regagner les pêcheries ou les établissements danois de la baie de Baffin, sur l'autre littoral?...

C'est alors que le brick *Génius*, qui avait été rejeté hors de sa route par la tempête, vint à passer. Les naufragés lui firent des signaux. Ils furent recueillis.

Ils étaient sauvés.

Toutefois, le *Génius*, arrêté par les vents contraires, éprouva de grands retards dans cette traversée relativement courte du Groënland à la Norvège. C'est ce qui explique comment il n'arriva à Christiansand que le 12 juillet, et à Christiania que dans la matinée du 15.

Or, c'était ce matin même que Sylvius Hog était allé à bord. Là, il avait trouvé Ole encore bien faible. Il lui avait dit tout ce qui s'était passé depuis sa dernière lettre, datée de Saint-Pierre-Miquelon... Puis, il l'avait emmené à sa demeure, après avoir demandé quelques heures de secret à l'équipage du *Génius*... On sait le reste...

Il fut alors convenu que Ole Kamp viendrait assister au tirage de la loterie. En aurait-il la force?

Oui! la force ne lui manquerait pas, puisque Hulda serait là! Mais avait-il donc encore un intérêt pour lui, ce tirage? Oui, cent fois oui! Intérêt pour lui comme pour sa fiancée!

En effet, Sylvius Hog avait réussi à retirer le billet des mains de Sandgoïst. Il l'avait racheté pour le prix que l'usurier de Drammen avait payé à dame Hansen. Et Sandgoïst avait été trop heureux de s'en défaire, maintenant que les surenchères ne se produisaient plus.

« Mon brave Ole, avait dit Sylvius Hog, en lui remettant le billet, ce n'est point une chance de gain, bien improbable en somme, que j'ai voulu rendre à Hulda, c'est le dernier adieu que vous lui aviez adressé au moment où vous croyiez périr! »

Eh bien! il faut avouer qu'il avait été bien inspiré, le professeur Sylvius Hog, et mieux que ce Sandgoïst, qui faillit se briser la tête contre un mur, quand il apprit le résultat du tirage!

Maintenant, il y avait cent mille marks dans la maison de Dal! Oui! cent mille marks bien au complet, car Sylvius Hog ne voulut jamais être remboursé de ce qu'il avait payé pour racheter le billet de Ole Kamp.

C'était la dot qu'il était trop heureux d'offrir, le jour de son mariage, à sa petite Hulda !

Peut-être trouvera-t-on quelque peu étonnant que ce numéro 9672, sur lequel l'attention avait été si vivement attirée, fût précisément sorti au tirage du gros lot.

Oui, on en conviendra, c'est étonnant, mais ce n'était pas impossible, et, en tout cas, cela est.

Sylvius Hog, Ole, Joël et Hulda quittèrent Christiania le soir même. Le retour se fit par Bamble, car il fallait remettre à Siegfrid le montant du lot qu'elle avait gagné. En repassant devant la petite église d'Hitterdal, Hulda se rappela les tristes pensées qui l'obsédaient deux jours avant; mais la vue de Ole la ramena bien vite à l'heureuse réalité.

Par saint Olaf ! Que Hulda était donc jolie sous sa couronne rayonnante, quand, quatre jours après, elle quitta la petite chapelle de Dal au bras de son mari Ole Kamp ! Et, ensuite, quelle cérémonie, dont le retentissement fut immense jusque dans les derniers gaards du Telemark ! Et quelle joie chez tous, la jolie fille d'honneur Siefgrid, son père, le fermier Hemlboë, son futur Joël, et aussi dame Hansen que ne hantait plus le spectre de Sandgoïst !

Peut-être se demandera-t-on si tous ces amis, tous ces invités, MM. Help frères, Fils de l'Aîné, et tant d'autres, étaient venus pour assister au bonheur des jeunes mariés, ou pour voir danser Sylvius Hog, professeur de législation et député au Storthing? Question. En tout cas, il dansa très dignement, et, après avoir ouvert le bal avec sa chère Hulda, il le finit avec la charmante Siegfrid.

Le lendemain, salué par les hurrahs de toute la vallée du Vestfjorddal, il partait, non sans avoir formellement promis de revenir pour le mariage de Joël, qui fut célébré quelques semaines plus tard, à l'extrême joie des contractants.

Cette fois, le professeur ouvrit le bal avec la charmante Siegfrid, et il le finit avec sa chère Hulda.

Et depuis lors, Sylvius Hog ne dansa plus.

Que de bonheur accumulé maintenant dans cette maison de Dal, qui avait été si durement éprouvée. Sans doute, c'était un peu l'œuvre de Sylvius Hog, mais il ne voulait point en convenir et répétait toujours :

« Bon ! C'est encore moi qui redois quelque chose aux enfants de dame Hansen ! »

Quant au fameux billet, il avait été rendu à Ole Kamp, après le tirage de la loterie. Maintenant, il figure à la place d'honneur, au milieu d'un petit cadre de bois, dans la grande salle de l'auberge de Dal. Mais, ce que l'on voit, ce n'est point le recto du billet où est inscrit le fameux numéro 9672, c'est le dernier adieu, écrit au verso, que le naufragé Ole Kamp adressait à sa fiancée Hulda Hansen.

FIN

FRRITT-FLACC

FRRITT-FLACC.

Frritt!... c'est le vent qui se déchaîne.

Flacc!... c'est la pluie qui tombe à torrents.

Cette rafale mugissante courbe les arbres de la côte volsinienne et va se briser contre le flanc des montagnes de Crimma. Le long du littoral, de hautes roches sont incessamment rongées par les lames de cette vaste mer de la Mégalocride.

Frritt!... Flacc!...

Au fond du port se cache la petite ville de Luktrop. Quelques centaines de maisons, avec miradores verdâtres, qui les défendent tant bien que mal contre les vents du large. Quatre ou cinq rues montantes, plus ravines que rues, pavées de galets, souillées de scories que projettent les cônes éruptifs de l'arrière-plan. Le volcan n'est pas loin, — le Vanglor. Pendant le jour, la poussée intérieure s'épanche sous forme de vapeurs sulfurées. Pendant la nuit, de minute en minute, gros vomissement de flammes. Comme un phare, d'une portée de cent-cinquante kertses, le Vanglor signale le port de Luktro aux caboteurs, felzanes, verliches ou balanzes, dont l'étrave scie les eaux de la Mégalocride.

De l'autre côté de la ville s'entassent quelques ruines de l'époque crimmé-

rienne. Puis, un faubourg d'aspect arabe, une casbah, à murs blancs, à toits
ronds, à terrasses dévorées du soleil. Amoncellement de cubes de pierre
jetés au hasard. Vrai tas de dés à jouer, dont les points se seraient effacés
sous la patine du temps.

Entre autres, on remarque les Six-Quatre, nom donné à une construction
bizarre, avec une toiture carrée, ayant six ouvertures sur une face, quatre sur
l'autre.

Un clocher domine la ville, le clocher carré de Sainte-Philfilène, avec cloches suspendues dans l'entrefend des murs, et que l'ouragan met quelquefois
en branle. Mauvais signe. Alors on a peur dans le pays.

Telle est Luktrop. Puis, des habitations, des huttes misérables, éparses
dans la campagne, au milieu des genêts et des bruyères, *passim*, comme en
Bretagne. Mais on n'est pas en Bretagne. Est-on en France? Je ne sais. En
Europe? Je l'ignore.

En tout cas, ne cherchez pas Luktrop sur la carte, — même dans l'atlas de
Stieler.

II

Froc!... Un coup discret a été frappé à l'étroite porte du Six-Quatre, percée
dans l'angle gauche de la rue Messaglière. C'est une maison des plus confortables, si, toutefois, ce mot doit avoir cours à Luktrop, — une des plus riches,
si, de gagner bon an mal an quelques milliers de fretzers, constitue la richesse.

Au froc a répondu un de ces aboiements sauvages, dans lesquels il y a du
hurlement, — ce qui serait l'aboiement d'un loup. Puis, une fenêtre à guil-
lotine s'ouvre au-dessus de la porte de Six-Quatre.

« A tous les diables, les importuns! » dit une voix de méchante et désa-
gréable humeur. »

Une jeune fille, grelottant sous la pluie, enveloppée d'une mauvaise cape,
demande si le docteur Trifulgas est à la maison.

« Il y est ou n'y est pas, — c'est selon!

— Je viens pour mon père qui se meurt!

— Où se meurt-il?

— Du côté du Val Karniou, à quatre kertses d'ici.

— Et il se nomme?...

— Vort Kartif.

III

Un homme dur, ce docteur Trifulgas. Peu compatissant, ne soignant que contre espèces, versées d'avance. Son vieux Hurzof, — un métis de bouledogue et d'épagneul, — aurait eu plus de cœur que lui. La maison du Six-Quatre, inhospitalière aux pauvres gens, ne s'ouvrait que pour les riches. D'ailleurs, c'était tarifé; tant pour une typhoïde, tant pour une congestion, tant pour une péricardite et autres maladies que les médecins inventent par douzaines. Or, le craquelinier Vort Kartif était un pauvre homme, d'une famille misérable. Pourquoi le docteur Trifulgas se serait-il dérangé, et par une nuit pareille!

« Rien que de m'avoir fait lever, murmura-t-il en se couchant, ça valait déjà dix fretzers! »

Vingt minutes s'étaient à peine écoulées, que le marteau de fer frappait encore l'huis du Six-Quatre.

Tout maugréant, le docteur quitta son lit, et, penché hors de la fenêtre.

« Qui va là? cria-t-il.

— Je suis la femme de Vort Kartif.

— Le craqueliner du Val Karniou?

— Oui, et si vous refusez de venir, il mourra!

— Eh bien, vous serez veuve!

— Voici vingt fretzers...

— Vingt fretzers, pour aller au Val Karniou, à quatre kertses d'ici!

— Par grâce!

— Au diable! »

Et la fenêtre se referma. Vingt fretzers! La belle aubaine! Risquer un rhume ou une courbature pour vingt fretzers, surtout quand, le lendemain, on est attendu à Kiltreno, chez le riche Edzingov, le goutteux, dont on exploite la goutte à cinquante fretzers par visite!

Sur cette agréable perspective, le docteur Trifulgas se rendormit plus dur que devant.

IV

Frritt!... Flacc!... Et puis, froc!... froc!... froc!...

A la rafale se sont joints, cette fois, trois coups de marteau, frappés d'une main plus décidée. Le docteur dormait. Il se réveilla, mais de quelle humeur! La fenêtre ouverte, l'ouragan entra comme une boîte à mitraille.

« C'est pour le craquelinier...

— Encore ce misérable!

— Je suis sa mère!

— Que la mère, la femme et la fille crèvent avec lui!

— Il a eu une attaque!...

— Eh! qu'il se défende!

— On nous a remis quelque argent, reprit l'aïeule, un acompte sur la maison qui est vendue au camondeur Dontrup, de la rue Messaglière. Si vous ne venez pas, ma petite fille n'aura pas de père, ma fille n'aura plus de mari, moi, je n'aurai plus de fils!... »

C'était pitoyable et terrible d'entendre la voix de cette vieille, de penser que le vent lui glaçait le sang dans les veines, que la pluie lui trempait les os jusque sous sa maigre chair.

« Une attaque, c'est deux cent fretzers! répondit le sans-cœur Trifulgas.

— Nous n'en avons que cent vingt!

— Bonsoir! »

Et la fenêtre de se refermer.

Mais, après réflexion, cent vingt fretzers pour une heure et demie de course, plus une demi-heure de visite, cela fait encore soixante fretzers l'heure; — un fretzer par minute. Petit profit, point à dédaigner pourtant.

Au lieu de se recoucher, le docteur se coula dans son habit de valvètre, descendit dans ses grandes bottes de marais, s'enfourna sous sa houppelande de lurtaine, et, son surouêt à la tête, ses mouffles aux mains, il laissa sa lampe allumée, près de son Codex, ouvert à la page 197. Puis, poussant la porte du Six-Quatre, il s'arrêta sur le seuil.

La vieille était là, appuyée sur son bâton, décharnée par ses quatre-vingts ans de misère!

« Les cents vingt fretzers? »

— Les voici, et que Dieu vous les rende au centuple!

— Dieu! L'argent de Dieu! Est-ce que personne en a jamais vu la couleur? »

Le docteur siffla Hurzof, lui mit une petite lanterne à la gueule, prit le chemin de la mer.

La vieille suivait.

V

Quel temps de Frritts et de Flaccs! Les cloches de Sainte-Philfilène se sont mises en branle sous la bourrasque. Mauvais signe. Bah! le docteur Trifulgas n'est pas superstitieux. Il ne croit à rien, pas même à sa science, — excepté pour ce qu'elle lui rapporte.

Quel temps, mais aussi quel chemin! Des galets et des scories; les galets, glissants de varechs, les scories, qui crépitent comme du mâchefer. Pas d'autre lumière que la lanterne du chien Hurzof, vague, vacillante. Parfois, la poussée de flammes du Vanglor, au milieu desquelles paraissent se démener de grandes silhouettes falotes. On ne sait vraiment pas ce qu'il y a au fond de ces cratères insondables. Peut-être les âmes du monde souterrain, qui se volatilisent en sortant.

Le docteur et la vieille suivent le contour des petites baies du littoral. La mer est blanche d'un blanc livide, — un blanc de deuil Elle brasille en s'écrétant à la ligne phosphorescente du ressac, qui semble verser des vers luisants sur la grève.

Tous deux remontent ainsi jusqu'au détour du chemin, entre les dunes vallonnées, dont les genêts et les joncs s'entrechoquent avec un cliquetis de baïonnettes.

Le chien s'était rapproché de son maître et semblait lui dire :

« Hein ! Cent vingt fretzers à mettre dans le coffre-fort ! C'est ainsi que l'on fait fortune ! Une mesure de plus à l'enclos de vigne ! Un plat de plus au souper du soir ! Une pâtée de plus au fidèle Hurzof ! Soignons les riches malades, et saignons-les... à leur bourse ! »

En cet endroit, la vieille s'arrête. De son doigt tremblant elle montre, dans l'ombre, une lumière rougeâtre. C'est la maison de Vort Kartif, le craquelinier.

« Là ? fait le docteur.

— Oui, répond la vieille.

— Harraouah ! » pousse le chien Hurzof.

Tout à coup, le Vanglor détonne, secoué jusque dans les contreforts de sa base. Une gerbe de flammes fuligineuses monte jusqu'au zénith, trouant les nuages. Le docteur Trifulgas a été renversé du coup.

Il jure comme un chrétien, se relève, regarde.

La vieille n'est plus derrière lui. A-t-elle disparu dans quelque entr'ouverture du sol, ou s'est-elle envolée à travers le frottement des brumes ?

Quant au chien, il est toujours là, debout sur ses pattes de derrière, la gueule ouverte, sa lanterne éteinte.

« Allons toujours ! » murmure le docteur Trifulgas.

L'honnête homme a reçu ses cent vingt fretzers. Il faut bien les gagner.

VI

Plus qu'un point lumineux, à une demi-kertse. C'est la lampe du mourant, — du mort peut-être. Voilà bien la maison du craquelinier. L'aïeule l'a indiquée du doigt. Pas d'erreur possible.

Au milieu des Frritts sifflants, des Flaccs crépitants dans le brouhaha de la tourmente, le docteur Trifulgas marche à pas pressés.

A mesure qu'il s'avance, la maison se dessine mieux, étant isolée au milieu de la lande.

Il est singulier d'observer combien elle ressemble à celle du docteur, au Six-Quatre de Luktrop. Même disposition de fenêtres sur la façade, même petite porte cintrée.

Le docteur Trifulgas se hâte aussi rapidement que le permet la rafale. La porte est entr'ouverte, il n'a qu'à la pousser, il la pousse, il entre, et le vent la referme sur lui — brutalement.

Le chien Hurzof, dehors, hurle, se taisant par intervalles, comme les chantres, entre les versets d'un psaume des Quarante-Heures.

C'est étrange! On dirait que le docteur Trifulgas est revenu dans sa propre maison. Il ne s'est pas égaré, cependant. Il n'a point fait un détour. Il est bien au Val Karniou, non à Luktrop. Et pourtant, même corridor, bas et voûté, même escalier de bois tournant, à grosse rampe, usée de frottements de mains.

Il monte. Il arrive au palier. Devant la porte, une faible lueur filtre en dessous, comme au Six-Quatre.

Est-ce une hallucination? Dans la lumière vague, il reconnaît sa chambre, le canapé jaune, à droite, le bahut en vieux poirier, à gauche, le coffre-fort bardé, où il comptait déposer ses cent vingt fretzers. Voilà son fauteuil à oreillons de cuir, voilà sa table à pieds tors, et dessus, près de la lampe qui se meurt, son Codex, ouvert à la page 197.

« Qu'ai-je donc? » murmure-t-il.

Ce qu'il a? Il a peur. Sa pupille s'est dilatée. Son corps s'est comme contracté, amoindri. Une transsudation glacée refroidit sa peau, sur laquelle il sent courir de rapides horripilations.

Mais hâte-toi donc! Faute d'huile, la lampe va s'éteindre, — le moribond aussi!

Oui, le lit est là, — son lit, à colonnes, à baldaquin, aussi long que large, fermé de courtines à grands ramages. Est-il possible que ce soit là le grabat d'un misérable craquelinier?

D'une main qui tremble, le docteur Trifulgas saisit les rideaux. Il les ouvre, il regarde.

De son doigt tremblant, la vieille montra une lumière. (Page 194.)

Le moribond, sa tête hors des couvertures, est immobile, comme au bout de sa dernière respiration.

Le docteur se penche sur lui....

Ah! quel cri, duquel répond, en dehors, un sinistre aboiement du chien.

Le moribond, ce n'est pas le craquelinier Vort Katif!... C'est le docteur Trifulgas!... C'est lui que la congestion a frappé, — lui-même! Une apoplexie cérébrale, avec brusque accumulation de sérosités dans les cavités du

Oui, c'est lui qui va mourir! (Page 197.)

cerveau, avec paralysie du corps au côté opposé à celui où se trouve le siège de la lésion!

Oui! c'est lui, pour qui est venu le chercher, pour qui on a payé cent vingt fretzers! Lui qui, par dureté du cœur, refusait d'aller soigner le craquelinier pauvre! Lui, qui va mourir!

Le docteur Trifulgas est comme fou. Il se sent perdu. Les accidents croissent de minute en minute. Non seulement toutes les fonctions de relations se suppriment en lui, mais les mouvements du cœur et de la respiration vont cesser. Et pourtant, il n'a pas encore entièrement perdu la connaissance de lui-même !

Que faire ! Diminuer la masse du sang au moyen d'une émission sanguine ? Le docteur Trifulgas est mort, s'il hésite...

On saignait encore dans de temps-là, et, comme à présent, les médecins guérissaient de l'apoplexie tous ceux qui ne devaient pas en mourir.

Le docteur Trifulgas saisit sa trousse, tire sa lancette, pique la veine du bras de son sosie : le sang ne vient pas à son bras. Il lui fait d'énergiques frictions à la poitrine : le jeu de la sienne s'arrête. Il lui brûle les pieds avec des pierres chaudes ; les siens se refroidissent.

Alors son sosie se redresse, se débat, pousse un râle suprême...

Et le docteur Trifulgas, malgré tout ce qu'a pu lui inspirer la science *se meurt entre ses mains.*

Frritt !... Flacc !

VII

Le matin, dans la maison du Six-Quatre, on ne trouva plus qu'un cadavre, — celui du docteur Trifulgas. On le mit en bière, et il fut conduit en grande pompe au cimetière de Luktrop, après tant d'autres qu'il y avait envoyés — selon la formule.

Quant au vieux Hursof, on dit que, depuis ce jour, il court la lande, avec sa lanterne rallumée, hurlant au chien perdu.

Je ne sais si cela est, mais il se passe tant de choses étranges dans ce pays de la Volsinie, précisément aux alentours de Luktrop !

D'ailleurs, je le répète, ne cherchez pas cette ville sur la carte. Les meilleurs géographes n'ont pas encore pu se mettre d'accord sur sa situation en latitude — ni même en longitude.

                                                            JULES VERNE.

TABLE DES MATIÈRES

———

Paris. — Imp. Gauthier-Villars, 55, quai des Grands-Augustins

LES NOUVEAUTÉS POUR 1886-1887 SONT INDIQUÉES PAR UNE †
Les ouvrages précédés d'une double palme ❧❧ ont été couronnés par l'Académie

(1ᵉʳ Âge)

Albums Stahl in-8° Illustrés

Les Albums Stahl

I y a des lecteurs qui ne sont pas hommes encore et à qui il faut des lectures et des images pour leurs premières curiosités. Ce public innombrable et frêle n'a pas été oublié. Les *Albums Stahl* leur donnent de piquants ou de jolis dessins accompagnés d'un texte naïf. La naïveté est celle qu'un ingénieux esprit, comme Stahl, peut offrir. Elle a ses malices légères et sa gaieté tendre. Les dessins ont de la fantaisie dans la vérité. Bégaiements heureux, rires argentins, ce sont là les effets que produisent ces albums caressants. Il y a beaucoup de gros livres et de travaux ambitieux qui n'ont pas la même utilité.

GUSTAVE FRÉDÉRIX. (*Indépendance Belge.*)

FRŒLICH

† La Poupée de Mˡˡᵉ Lili.
La Journée de M. Jujules.
L'A perdu de Mˡˡᵉ Babet.
Alphabet de Mˡˡᵉ Lili.
Arithmétique de Mˡˡᵉ Lili.
Bonsoir, petit père.
Cerf-Agile, histoire d'un jeune sauvage.
Commandements du Grand-Papa.
La Fête de Mˡˡᵉ Lili.

Journée de Mˡˡᵉ Lili.
La Grammaire de Mˡˡᵉ Lili. (J. Macé.)
Le Jardin de M. Jujules.
Mˡˡᵉ Lili aux Eaux.
Les Caprices de Manette.
Les Jumeaux.
Un drôle de Chien.
La fête à Papa.
Mademoiselle Lili à la campagne.

Monsieur Toc-Toc.
Le premier Chien et le premier Pantalon.
L'Ours de Sibérie.
Le petit Diable.
Premier Cheval et première Voiture.
Premières armes de Mˡˡᵉ Lili.
La Salade de la grande Jeanne.
La Crème au chocolat.
M. Jujules à l'école.

L. BECKER . . . . L'Alphabet des Oiseaux.
— . . . . L'Alphabet des Insectes.
COINCHON (A.) . . . . Histoire d'une Mère.
DETAILLE . . . . Les bonnes Idées de mademoiselle Rose.
— . . . . Le docteur Bilboquet.
FATH . . . . Gribouille. — Jocrisse et sa Sœur.
— . . . . Les Méfaits de Polichinelle. — Pierrot à l'École.
— . . . . La Famille Gringalet. — Une folle soirée chez Paillasse.
FROMENT . . . . † Le petit Acrobate.
— . . . . La Boîte au lait. — Histoire d'un pain rond.
— . . . . La Petite Devineresse. — Le petit Escamoteur.
GEOFFROY . . . . Le Paradis de M. Toto. — 1ʳᵉ cause de l'avocat Juliette.
GRISET . . . . La Découverte de Londres
JUNDT . . . . L'École buissonnière.
LALAUZE . . . . Le Rosier du petit frère.
LAMBERT . . . . Chiens et Chats.
LANÇON . . . . Caporal, le chien du régiment.
MARIE (A.) . . . . Le petit Tyran.
MATTHIS . . . . Les deux Sœurs.
MEAULLE . . . . Petits Robinsons de Fontainebleau.
PIRODON . . . . Histoire d'un Perroquet. — Histoire de Bob aîné.
— . . . . La Pie de Marguerite.
SCHULER (TH.) . . . . Les Travaux d'Alsa.
VALTON . . . . Mon petit Frère.

Albums Stahl illustrés grand in-8°

FRŒLICH

Mˡˡᵉ Mouvette.
M. Jujules et sa sœur Marie.
Petites Sœurs et petites Mamans.

Voyage de Mˡˡᵉ Lili autour du monde.
Voyage de découvertes de Mˡˡᵉ Lili.
La Révolte punie.

CHAM . . . . Odyssée de Pataud.
FROMENT . . . . La belle petite princesse Ilsée. — La Chasse au volant.
GRISET (E.) . . . . Aventures de trois vieux Marins. — Pierre le Cruel.
SCHULER (T.) . . . . Le premier Livre des petits enfants.
VAN BRUYSSEL . . . . Histoire d'un Aquarium.

Bibliothèque d'Éducation et de Récréation

Quels souvenirs agréables et charmants ce titre général ne rappelle-t-il pas aux hommes jeunes d'aujourd'hui, ceux qui entraient dans la vie au moment même où une révolution complète s'opérait, en leur faveur, dans la littérature! Car il n'y a pas beaucoup plus de vingt ans que les jeunes gens lisent, c'est-à-dire qu'ils ont des livres conçus pour eux, écrits pour eux, et dont le succès est tel qu'on n'aurait pas osé l'attendre.

« C'est presque une innovation que l'introduction de la lecture dans les plaisirs de la jeunesse. Elle date presque d'hier : mettons vingt ans, c'est tout le bout du monde. Pendant ces vingt années, l'éditeur Hetzel a su publier 300 volumes de premier ordre.

« Le titre trouvé par l'éditeur constitue à lui seul un programme : ÉDUCATION et RÉCRÉATION. Et en effet, tout est là. Ces beaux et bons livres instruisent et ils amusent. »

VOLUMES IN-8° CAVALIER, ILLUSTRÉS

ALDRICH.	Un Écolier américain.
F. ALONE.	Autour d'un Lapin blanc.
ASTON (G.)	L'Ami Kips.
AUDEVAL (H.)	† La Famille de Michel Kagenel.
BENTZON (TH.)	Pierre Casse-Cou.
BIART (L.)	Voyage de deux enfants dans un parc.
—	Entre Frères et Sœurs.
BRÉHAT (A. DE)	Aventures de Chariot.
CAHOURS ET RICHE	Chimie des demoiselles.
CHAZEL (PROSPER)	Le Chalet des sapins.
DEQUET.	Histoire de mon Oncle et de ma Tante.
ERCKMANN-CHATRIAN	Les Vieux de la Vieille (Lucien et Justine).
FATH (G.)	Un Drôle de Voyage.
GENIN (M.)	La Famille Martin.
GOUZY.	Voyage d'une Fillette au pays des Étoiles.
GRAMONT (COMTE DE)	Les Bébés.
KAEMPFEN (A.)	La Tasse à thé.
LEMAIRE-CRETIN	Expériences de la petite Madeleine.
MICHELET (gr. in-8°)	Histoire de la Révolution française. 4 vol. (brochés).
MULLER	La Morale en Action par l'Histoire.
NÉRAUD	La Botanique de ma fille.
RATISBONNE	Dernières scènes de la Comédie enfantine.
RECLUS (É.)	Histoire d'une Montagne. — Histoire d'un Ruisseau.
REY (I.-ARISTIDE)	Travailleurs et Malfaiteurs microscopiques.
STAHL (P.-J.)	La famille Chester. — Mon premier Voyage en mer.
STAHL ET DE WAILLY	Contes célèbres anglais.
VADIER (B.)	† Blanchette.
VALLERY-RADOT (R.)	◊ Journal d'un Volontaire d'un an.

VOLUMES IN-8° RAISIN, ILLUSTRÉS

BADIN (A.)	† Jean Casteyras. (Aventures de 3 enfants en Algérie).
BENTZON	Yette (Histoire d'une jeune Créole).
BIART (L.)	Deux Amis.
— { Les Voyages involontaires.	La Frontière indienne. — Monsieur Pinson. — Le Secret de José. — Lucia.
BLANDY (S.)	Le petit Roi.
BOISSONNAS (B.)	◊ Une Famille pendant la guerre.
BRÉHAT (A. DE)	Les Aventures d'un petit Parisien.

Contes et Romans de l'Histoire naturelle

Dr CANDÈZE { † Périnette (Histoire surprenante de cinq moineaux). Aventures d'un Grillon. La Gileppe (Histoire d'une population d'insectes).

Aventures d'un Grillon. — « Cette biographie d'un insecte obscur cache, sous une fine allégorie, non seulement un petit traité de morale familière, mais encore des notions d'entomologie très précises et très sûres. L'auteur, M. Ernest Candèze, est un écrivain déjà connu des lecteurs de la Revue Scientifique, et ses qualités littéraires ne nuisent pas, bien au contraire, à l'autorité de son enseignement.

Volumes in-8 illustrés (SUITE)

« C'est une philosophie ingénieuse que celle qui cherche dans l'étude du plus petit des mondes, du monde des insectes, des leçons applicables à l'univers entier. C'est merveille de voir comment même les petits côtés de la science gagnent à être traités par des écrivains littéraires, quand ils ont su se munir au préalable d'un savoir sérieux et éprouvé. »

(*Revue Scientifique*.)

« **La Gileppe** est un roman... J'allais dire naturaliste, mais il ne faut pas confondre; c'est *un roman d'histoire naturelle* bâti sur cette simple donnée : les infortunes d'une population d'insectes. C'est de la science amusante, le tout spirituel et d'un très bon style. »

CAUVAIN (H.)............ Le grand Vaincu (le Marquis de Montcalm).
DAUDET (ALPHONSE) .... Histoire d'un Enfant.
— .... Contes choisis.
DESNOYERS (L.)......... Aventures de Jean-Paul Choppart.
GENNEVRAYE........... Théâtre de famille.
— .... La petite Louisette.
GRIMARD (E.).......... La Plante.
HUGO (VICTOR)........ Le Livre des Mères.
LAPRADE (V. DE)...... Le Livre d'un Père.

La Vie de Collège dans tous les Pays

ANDRÉ LAURIE. Mémoires d'un Collégien (Un Lycée de département). — La Vie de Collège en Angleterre. — Une année de Collège à Paris. — Un Écolier hanovrien. — Tito le Florentin. — † Autour d'un Lycée Japonais.

Francisque SARCEY a consacré dans le *XIXᵉ Siècle* et le *Gagne-Petit*, à chacun des livres qui composent cette série, une étude spéciale.

« Notre ami Hetzel, écrivait-il au mois de décembre 1885, a commencé une collection bien curieuse et dont le titre générique suffit à indiquer l'intérêt. Chaque année, il paraît un volume qui nous transporte dans un pays différent. Il y a quatre ans, nous étions en France, l'année suivante on nous a menés en Angleterre; l'an d'après, en Allemagne. L'ensemble des volumes, dont cette série doit se composer, formera une étude assez complète des divers systèmes d'éducation suivis par chaque nation.

« Tous ces volumes partent de la même main; ils sont de M. André Laurie, qui me paraît être un universitaire fort au courant des questions pédagogiques, et qui n'en est pas moins un conteur agréable et un écrivain élégant. C'est chaque année un régal attendu par moi de recevoir et de déguster son volume. »

FRANCISQUE SARCEY.

Les Romans d'Aventures

ANDRÉ LAURIE.......... † Le Capitaine Trafalgar.
— L'Héritier de Robinson.
J. VERNE ET A. LAURIE.... L'Épave du Cynthia.
STEVENSON ET A. LAURIE.. L'Île au Trésor.

PROPOS de l'*Épave du Cynthia*, M. Ulbach écrivait les lignes suivantes :
« La collaboration de MM. Jules Verne et André Laurie ne pouvait être que féconde. La science de l'un, l'observation de l'autre, les qualités littéraires des deux collaborateurs font de ce livre un des plus émouvants de la collection nouvelle. »

« Il y a peu de livres plus nourris de faits, plus substantiels, et d'un intérêt mieux soutenu que l'*Épave du Cynthia*, » a écrit M. Dancourt dans la *Gazette de France*.

« Plus sombre, plus terrible est l'*Île au Trésor*, roman popularisé en Angleterre par des milliers d'éditions, et dont la maison Hetzel s'est assuré le droit de traduction exclusif. On raconte que M. Gladstone, le grand homme d'État, rentrant chez lui, après une séance agitée, trouva, par hasard, sous sa main, l'*Île au Trésor* de Stevenson. Il en parcourut les premières pages, et il ne quitta plus le livre qu'il ne l'eût achevé. C'est que ces premières pages sont un chef-d'œuvre d'exposition mystérieuse, d'attractions captivantes... »

LEGOUVÉ............. Nos Filles et nos Fils.
— .... La Lecture en famille.
MACÉ (JEAN) .... Contes du Petit-Château.
— .... Histoire d'une Bouchée de Pain.
— .... Histoire de deux Marchands de pommes.
— .... Les Serviteurs de l'estomac.
— .... Théâtre du Petit-Château.
MALOT (HECTOR)....... Romain Kalbris.
MARELLE (CH.)......... Le Petit Monde.

Aventures de Terre et de Mer

Œuvres choisies. — 16 volumes

MAYNE-REID.
Désert d'eau. — Deux Filles du Squatter. — Chasseurs de chevelures. — Chef au Bracelet d'or. — Exploits des jeunes Boërs. — Jeunes Esclaves. — Jeunes Voyageurs. — Petit Loup de mer. — Montagne perdue. — Naufragés de l'île de Bornéo. — Planteurs de la Jamaïque. — Robinsons de terre ferme. — Sœur perdue. — William le Mousse. — Les Émigrants du Transwaal. — La Terre de Feu.

MAYNE-REID est un Cooper plus accessible à tous, aux jeunes gens en particulier. Scrupuleusement moral, d'une imagination riche et curieuse, mettant en scène quelque simple récit, autour duquel il groupe des incidents romanesques, et cependant possibles, promenant son lecteur au milieu des forêts vierges, parmi les tribus sauvages, et exaltant le courage individuel aux prises avec les difficultés et les nécessités de la vie. »

CLARETIE.

« Que les jeunes gens à qui les *Chasseurs de Chevelures* et les *Naufragés de l'Ile de Bornéo* ont procuré tant d'émotions dramatiques et toujours saines, jouissent de leur reste, a écrit Victor Fournel, dans le *Moniteur universel*, dans son étude sur la *Terre de feu*, la dernière œuvre de Mayne-Reid; il n'écrira plus pour eux, ce conteur inépuisable, ce Cooper de la jeunesse, dont les *Aventures de terre et de mer* ont charmé tant d'imaginations, en les entraînant au loin dans les contrées mystérieuses de l'Afrique et les solitudes du Nouveau-Monde. »

VICTOR FOURNEL.

MICHELET (J.) (Gr. in-8°). . . . Histoire de France. 5 volumes.
MULLER (E.). . . . . La Jeunesse des Hommes célèbres.
— . . . . Les Animaux célèbres.
RATISBONNE (LOUIS) . . . . . Q La Comédie enfantine.
SAINTINE (X.) . . . . Picciola.
SANDEAU (J.) . . . . La Roche aux Mouettes. — Q Madeleine.
— . . . . Mademoiselle de la Seiglière.
SAUVAGE (E.) . . . . La Petite Bohémienne.
SEGUR (COMTE DE) . . . . . . Fables.

Œuvres de P. J. Stahl

Q Contes et Récits de Morale familière.
Les Histoires de mon Parrain.
Q Histoire d'un Ancel de deux jeunes Filles.

Q Maroussia.
Q Les Patins d'argent.
Les Quatre Filles du docteur Marsch.
Jack et Jane.

Les Quatre Peurs de notre Général.
La petite Rose, ses six tantes et ses sept cousins.

STAHL a voulu enseigner familièrement la morale, la mettre en action pour tous les âges. De tous les livres de Stahl se dégage une morale présentée avec toute la séduction et cette forme spirituelle qui donne à la fiction toutes les apparences de la réalité. Peu d'hommes ont plus et mieux fait pour la jeunesse qui lui doit sa libération littéraire. »

Ch. CANIVET. *(Le Soleil.)*

TEMPLE (DU) . . . . Sciences usuelles. — Communications de la Pensée.
TOLSTOI (COMTE L.) . . . . . . † L'Enfance et l'Adolescence.
VERNE (JULES) . . . . Les Voyages au Théâtre.
VIOLLET-LE-DUC . . . . Histoire d'une Maison.
— . . . . Histoire d'une Forteresse.
— . . . . Histoire de l'Habitation humaine.
— . . . . Histoire d'un Hôtel de Ville et d'une Cathédrale.
— . . . . Histoire d'un Dessinateur.

Volumes grand in-8° jésus, Illustrés

BIART (L.) . . . . Aventures d'un jeune Naturaliste.
— . . . . Don Quichotte *(adaptation pour la jeunesse)*.
BLANDY (S.) . . . . Les Epreuves de Norbert.
CLÉMENT (CH.) . . . . Michel-Ange, Raphaël, Léonard de Vinci.
FLAMMARION (C.) . . . . Histoire du Ciel.
GRANDVILLE . . . . Les Animaux peints par eux-mêmes.
GRIMARD (E.) . . . . Le Jardin d'Acclimatation.
LA FONTAINE . . . . Fables, illustrées par EUG. LAMBERT.
MALOT (HECTOR) . . . . Q Sans Famille.
MEISSAS (DE) . . . . Histoire Sainte.
MICHELET (J.) . . . . Histoire de la Révolution française, tomes I et II réunis,
. . . . III et IV réunis.
MOLIÈRE . . . . Édition SAINTE-BEUVE et TONY JOHANNOT.
STAHL ET MULLER . . . . Nouveau Robinson suisse.

Jules Verne

VOYAGES EXTRAORDINAIRES

30 VOLUMES IN-8° JÉSUS, ILLUSTRÉS

† Un Billet de Loterie.
Autour de la Lune.
Aventures de 3 Russes et de 3 Anglais.
Aventures du capitaine Hatteras.
Un Capitaine de 15 ans.
Le Chancellor.
Cinq Semaines en ballon.
Les Cinq cents millions de la Bégum.
De la Terre à la Lune.
Le Docteur Ox.
Les Enfants du capitaine Grant.
Hector Servadac.
L'Île mystérieuse.
Les Indes-Noires.
Mathias Sandorf.

† Robur le Conquérant.
La Jangada.
Kéraban-le-Têtu.
La Maison à vapeur.
Michel Strogoff.
Le Pays des Fourrures.
Le Tour du monde en 80 jours.
Les Tribulations d'un Chinois en Chine.
Une Ville flottante.
Vingt mille lieues sous les Mers.
Voyage au centre de la Terre.
Le Rayon-Vert.
L'École des Robinsons.
L'Étoile du sud.
L'Archipel en feu.

ŒUVRE de Jules Verne est aujourd'hui considérable. La collection des *Voyages extraordinaires*, que l'Académie française a couronnés, se compose déjà de vingt-cinq volumes, et tous les ans, Jules Verne donne au Magasin d'Éducation et de Récréation un roman inédit.

Ces livres de voyage, ces contes d'aventures ont une originalité propre, une clarté et une vivacité entrainantes. C'est très français. »

CLARETIE.

Découverte de la Terre

3 Volumes in-8

Les premiers Explorateurs. — Les Grands Navigateurs du XVIII° siècle
Les Voyageurs du XIX° siècle.

J. VERNE et TH. LAVALLÉE. Géographie illustrée de la France, nouvelle édition revue et corrigée par M. DUBAIL.

Bibliothèque des Jeunes Français

Volumes gr. in-16 colombier

MICHELET (J.). La Prise de la Bastille et la Fête des Fédérations (*illustré*).—Les Croisades.
François I⁰ʳ et Charles-Quint (*illustré*). — Henri IV (*illustré*).
ERCKMANN-CHATRIAN. Avant 89 (*illustré*).
BLOCK (M.). *Entretiens familiers sur l'administration de notre pays.*
La France. — Le Département. — La Commune.
Paris, Organisation municipale. — Paris, Institutions administratives. — L'impôt. — Le Budget.
L'Agriculture. — Le Commerce. — L'Industrie.
Petit Manuel d'Économie pratique.
GUICHARD (V.) . . . . Conférences sur le Code civil.
PONTIS . . . . Petite Grammaire de la prononciation.
J. MACÉ . . . . La France avant les Francs (*illustré*).

Bibliothèque des Professions
Industrielles, Commerciales & Agricoles

᳓ᵒᵒᵘᵘ

LE premier mérite des volumes qui composent cette ENCYCLOPÉDIE, c'est d'être accessibles par la forme, par le fond et par le prix; aux personnes qui ont le plus souvent besoin d'indications pratiques sur la profession dont elles font l'apprentissage, ou dans laquelle elles veulent devenir plus intelligemment habiles.

A ces personnes dont le nombre est très grand, il faut des *guides pratiques exacts*, d'un format commode, d'un prix modéré, rédigés avec clarté et méthode, comme est clair et méthodique l'enseignement direct du professeur à l'élève ou celui du maître à l'apprenti. Telle a été la pensée qui a présidé à la publication de la *Bibliothèque des professions industrielles, commerciales et agricoles.*

Elle se compose de *onze séries*, qui se subdivisent comme suit:

A. SCIENCES EXACTES.
B. SCIENCES D'OBSERVATION.
C. ART DE L'INGÉNIEUR.
D. MINES ET MÉTALLURGIE.
E. PROFESSIONS COMMERCIALES.
F. PROFESSIONS MILITAIRES ET MARITIMES.
G. ARTS ET MÉTIERS, PROFESSIONS INDUSTRIELLES.

H. AGRICULTURE, JARDINAGE, etc.
I. ECONOMIE DOMESTIQUE, COMPTABILITÉ, LÉGISLATION, MÉLANGES.
J. FONCTIONS POLITIQUES ET ADMINISTRATIVES, EMPLOIS DE L'ETAT, DÉPARTEMENTAUX ET COMMUNAUX, SERVICES PUBLICS.
K. BEAUX-ARTS, DÉCORATION, ARTS GRAPHIQUES.

*Les **116** volumes de cette collection sont publiés dans le format grand in-18; la plupart d'entre eux sont illustrés de gravures qui viennent mieux faire comprendre le texte; des atlas renferment les dessins qui exigent d'être représentés à grandes échelles et avec plus de détails*

᳓ᵒᵒᵘᵘᵒᵒᵒᵘ

Cahiers d'une Élève de Saint-Denis
COURS COMPLET ET GRADUÉ D'ÉDUCATION
POUR LES FILLES & POUR LES GARÇONS
A suivre en 6 années, soit dans la pension, soit dans la famille
Par deux anciennes Élèves de la Maison de la Légion-d'Honneur
ET
LOUIS BAUDE
ANCIEN PROFESSEUR AU COLLÈGE STANISLAS

17 volumes in-18, br., 57 fr ; cart., 61 fr. 50. Chaque volume se vend aussi séparément

᳓᳓᳓᳓᳓

ATLAS COMPLÉMENTAIRE
des *Cahiers d'une Élève de Saint-Denis*

Atlas classique de Géographie universelle, composé de 24 planches en plusieurs couleurs dressées par M. DUBAIL, ex-professeur adjoint de géographie à l'Ecole de Saint-Cyr

1 volume grand in-8, cartonné Bradel. Prix : 8 fr.

Bibliothèque d'Éducation et de Récréation

Volumes in-18 illustrés

ALDRICH, Un Écolier américain.

ANQUEZ, Histoire de France.

ASTON (G.), L'Ami Kips.

AUDOYNAUD, Entretiens familiers sur la Cosmographie.

BENTZON, Yette. — Pierre Casse-Cou.

BERTRAND, Lettres sur les révolutions du Globe.

BIART (L.), Aventures d'un jeune Naturaliste. — Entre Frères et Sœurs. — Monsieur Pinson. — La Frontière indienne. — Le Secret de José. — Lucia Avila. — Voyage et Aventures de deux Enfants dans un Parc.

BLANDY (S.), Le Petit Roi. — Les Épreuves de Norbert.

BOISSONNAS (B.), ✪ Une Famille pendant la guerre de 1870-71. — Un Vaincu.

BRÉHAT (DE), Aventures de Charlot. — Aventures d'un petit Parisien.

CANDÈZE (Dʳ), Aventures d'un Grillon. — La Gileppe.

CAUVAIN, Le Grand vaincu.

CHAZEL (P.), Le Chalet des Sapins.

CLÉMENT (CH.), Michel-Ange, etc.

DEQUET, Histoire de mon Oncle.

DESNOYERS (L.), Aventures de Jean-Paul Choppart.

ERCKMANN-CHATRIAN, L'Invasion. — Madame Thérèse.

FARADAY. Histoire d'une Chandelle.

FATH (G.), Un drôle de voyage.

FOUCOU, Histoire du travail.

GÉNIN, La Famille Martin.

GENNEVRAYE, Théâtre de Famille. — La petite Louisette.

GRATIOLET (P.), De la Physionomie.

GRIMARD, Histoire d'une Goutte de Sève. — Jardin d'Acclimatation.

HIRTZ (Mˡˡᵉ), Méthode de Coupe et de Confection.

IMMERMANN, La Blonde Lisbeth.

LAPRADE (V. DE), Le Livre d'un père.

LAURIE ANDRÉ, La Vie de collège en Angleterre. — Mémoires d'un Collégien. — Une Année de Collège à Paris. — Un Écolier hanovrien. — L'Héritier de Robinson.

LAVALLÉE (TH.), ✪ Frontières de la France, avec Carte.

LEGOUVÉ (E.), Les Pères et les Enfants (2 volumes). — Nos Filles et nos Fils.

LEMAIRE, Les Expériences de la petite Madeleine.

LOCKROY (Mᵐᵉ), Contes à mes nièces.

MACÉ (JEAN), Contes du Petit-Château. — Arithmétique du Grand-Papa. — Histoire d'une Bouchée de Pain. — Les Serviteurs de l'Estomac.

MAURY, Géographie physique. — Le Monde où nous vivons.

MAYNE-REID, Les Chasseurs de Girafes. — Les Chasseurs de Chevelures. — Le Désert d'eau. — Les deux Filles du Squatter. — Les Jeunes Esclaves. — Les Jeunes Voyageurs. — Les Naufragés de l'île de Bornéo. — Le Petit Loup de mer. — Les Planteurs de la Jamaïque. — Les Robinsons de Terre ferme. — Le Chef au bracelet d'or. — La Sœur perdue. — William le Mousse. — Les Exploits des Jeunes Boërs. — La Montagne perdue. — La Terre de Feu. — Les Émigrants du Transwaal. *(Avent. de Terre et de Mer. Œuvre choisie, 16 vol.)*

MORTIMER D'OCAGNE, Les Grandes Écoles civiles et militaires de France. (Historique, Programmes d'admission, Régime intérieur, Sortie, carrière ouverte).

MULLER, Jeunesse des hommes célèbres. — Morale en action par l'histoire. Les Animaux célèbres.

NOEL (E.), La Vie des fleurs.

NODIER (CH.), Contes choisis (2 volumes).

DE PARVILLE, Un Habitant de la planète Mars.

RATISBONNE, ✪ Comédie enfantine.

RECLUS, Histoire d'un Ruisseau. — Histoire d'une Montagne.

RENARD, Le fond de la Mer.

SANDEAU (J.), La Roche aux Mouettes.

SILVA (DE), Le Livre de Maurice.

SIMONIN, Histoire de la Terre.

STAHL (P.-J.), ✪ Contes et Récits de Morale familière. — ✪ Histoire d'un Ane et de deux jeunes Filles. — La Famille Chester. — Les Histoires de mon parrain. — ✪ Les Patins d'argent. — Mon premier voyage en mer *(adaptation)*. — ✪ Maroussia. — Les quatre Filles du docteur Marsch. — Les Quatre Peurs de notre général. — Jack et Jane.

STAHL ET MULLER, Le Nouveau Robinson suisse.

STAHL ET DE WAILLY, Scènes de la vie des Enfants en Amérique. — Les Vacances de Riquet et de Madeleine. — Mary Bell, William et Lafaine.

VERNE (JULES) ET LAURIE, L'Épave du Cynthia.

VERNE (JULES), Les premiers Explorateurs (2 vol.). — Les grands Navigateurs du XVIIIᵉ siècle (2 vol.). — Les grands voyageurs du XIXᵉ siècle (2 vol.)

ZURCHER ET MARGOLLÉ, Les Tempêtes. — Histoire de la Navigation. — Le Monde sous-marin.

TYNDALL, Dans les Montagnes.

VALLERY-RADOT, ✪ Journal d'un Volontaire d'un an.

Bibliothèque d'Éducation et de Récréation

Volumes in-18 non illustrés

AMPÈRE (A.-M.), Journal et Correspondance (3 vol.).

ANDERSEN, Nouveaux Contes suédois.

BERTRAND (J.), Les Fondateurs de l'astronomie.

BRACHET (A.), ✪ Grammaire historique (préface de LITTRÉ).

DUBAIL, Cours classique de Géographie.

DURAND (HIP.), Les Grands Prosateurs. — Les Grands Poètes.

EGGER, Histoire du Livre.

FRANKLIN (J.), Vie des Animaux, 6 vol.

GRAMONT (COMTE DE), ✪ Les Vers français et leur Prosodie.

HIPPEAU (Mme), Cours d'Économie domestique.

HUGO (VICTOR), Les Enfants (le Livre des mères).

LAVALLÉE (TH.), Histoire de la Turquie (2 vol.).

LEGOUVÉ (E.), L'art de la Lecture. — Conférences parisiennes. — La Lecture en action.

MACAULAY, Histoire et Critique.

MICKIEWICZ (ADAM), Histoire de la Pologne.

ORDINAIRE, Dictionnaire de mythologie. — Rhétorique nouvelle.

ROULIN (F.), Histoire naturelle.

SAYOUS, Conseils à une Mère. — Principes de Littérature.

STEVENSON, L'Ile au Trésor.

SUSANE (GÉNÉRAL), Histoire de la Cavalerie, 3 vol. — Histoire de l'Artillerie.

THIERS, Histoire de Law.

VERNE (JULES), Autour de la Lune. — L'Archipel en feu. — Aventures de trois Russes et de trois Anglais. — Les Anglais au pôle Nord. — Un Capitaine de 15 ans (2 vol.). — Le Chancellor. — Cinq Semaines en ballon. — Les Cinq cents millions de la Bégum. — L'Étoile du sud. — Le Désert de glace. — Le Docteur Ox. — Les Enfants du Capitaine Grant (3 vol.). — Hector Servadac (2 vol.). — La Jangada (2 vol.). — Kéraban-le-Têtu (2 vol.). — L'Ile mystérieuse (3 vol.). — La Maison à vapeur (2 vol.). — Mathias Sandorf (3 vol.). — Les Indes-Noires. — Michel Strogoff (2 vol.). — Le Pays des Fourrures (2 vol.). — De la Terre à la Lune. — Le Tour du monde en 80 jours. — Les Tribulations d'un Chinois en Chine. — Une Ville flottante. — Vingt mille lieues sous les Mers (2 vol.). — L'École des Robinsons. — Le Rayon-Vert. — Voyage au centre de la Terre. — † Un Billet de Loterie. — † Robur le Conquérant.

✪ Voyages extraordinaires, 51 volumes.

WENTWORTH HIGGINSON, Histoire des Etats-Unis.

PRIX DIVERS

BRACHET (A.) . . . . ✪ Dictionnaire étymologique de la langue française.

CLAVÉ . . . . Principes d'économie politique.

GRIMARD . . . . La Botanique à la campagne.

MACÉ (JEAN) . . . . Théâtre du Petit-Château.

SOUVIRON . . . . Dictionnaire des termes techniques.

ŒUVRES POÉTIQUES DE VICTOR HUGO
Édition elzévirienne sur papier de Hollande.

10 VOLUMES IN-18

Dessins et ornements de **FROMENT**

Odes et Ballades. — Les Orientales. — Les Feuilles d'Automne. — Chants du Crépuscule. Voix intérieures. — Rayons et Ombres. — Les Contemplations, 2 volumes. La Légende des Siècles. — Les Chansons des Rues et des Bois.

Tous les Ages
Albums in-folio illustrés

COLIN (A.) . . . . Études de Dessin d'après les grands maîtres.

FRŒLICH . . . . Sept Fables de La Fontaine, illustrées de 9 planches.

GRANDVILLE ET KAULBACH. Album (œuvres choisies).

CONTES DE PERRAULT. Illustrés par G. Doré.

Publication faite par ordre du Ministre de la Marine

LA MARINE FRANÇAISE A L'EXPOSITION DE 1878

Deux grands volumes in-8° accompagnés de leurs Atlas

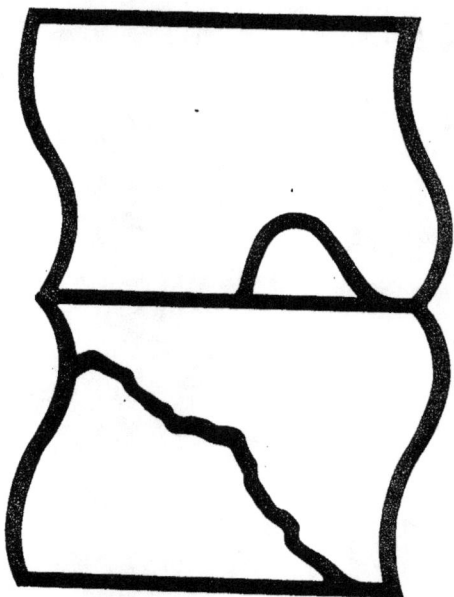

Texte détérioré — reliure défectueuse

NF Z 43-120-11

www.ingramcontent.com/pod-product-compliance
Lightning Source LLC
Chambersburg PA
CBHW060031100426
42740CB00010B/1687